SNA 연기스피치 시리즈

SPEECH

3

스피치, 화술, 면접, 발표를 위한 보이스 트레이닝

실전 목소리 훈련

김 규 현 지음

연기스피치 | 저자 직강 및 동영상 강의

www.esna.co.kr

교우사

KYOWOOSA

SNA 연기스피치 시리즈 · 3

실전 목소리 훈련

스피치, 화술, 면접, 발표를 위한 보이스 트레이닝

초판 인쇄 | 2015년 6월 20일
초판 발행 | 2015년 6월 25일

지은이 | 김규현
펴낸이 | 오판근
펴낸곳 | 교우사

주소 | 서울특별시 동대문구 약령시로 8 교우빌딩 2층
전화 | 925-2861(대표), 925-2825(편집부), 969-5762(홈쇼핑)
팩스 | 925-2860
이메일 | kyowoo@kyowoo.co.kr
홈페이지 | http://www.kyowoo.co.kr
북스토어(쇼핑몰) | http://www.kyowoo.co.kr
등록번호 | 1994년 3월 24일 제6-0256호

ISBN 979-11-251-0104-8 (04080)
979-11-251-0101-7 (set)

값 **13,000**원

목소리는 그 사람의 첫인상이다

우리는 살면서 많은 사람을 상대한다. 때로는 처음 만나야 하는 경우도 있고 자주 봐야 하는 상황도 있다. 이때마다 그 사람의 말은 상대방에게 신뢰를 주기도 하고 신뢰를 무너뜨리기도 한다.

그렇다면 상대방에게 호감을 주기 위한 말하는 방법은 무엇일까?

첫째는 좋은 목소리이다.

좋은 목소리는 상황에 맞게 상대방에게 호감을 주는 목소리다. 즉, 때로는 공식 석상의 경우 울림이 있는 신뢰가 있는 목소리가 편안한 자리의 경우 마음을 편하게 해 주는 차분한 목소리가 활기가 있는 곳에서는 사람을 기분 좋게 하는 낭랑한 목소리가 상대방에게 호감을 준다.

그렇기 때문에 어떻게 하면 좋은 목소리를 낼지를 고민하는 것은 인간관계를 맺어야 하는 모든 사람에게는 중요한 문제이다.

둘째는 명확한 발음이다.

또한, 말을 할 때 그 사람의 발음이 부정확하면 역시 상대방에게 신뢰를 주기가 어렵다. 아무리 외모가 훌륭하다고 하더라도 그 사람의 발음이 명확하지 않으면 전달력이 떨어지기 때문에 상대방에게 좋은 감정을 주기가 어렵다.

마지막으로 상대방의 귀에 쏙쏙 들어오게 하는 화술이다.

어법에 맞는 화술도 중요하지만 그보다 중요한 것은 상대방을 매료시키는 리드미컬한 화법이다.

이처럼 상대방에게 호감을 주기 위해서 그리고 신뢰를 주기 위해서는 좋은 목소리와 더불어 명확한 발음과 매력적인 화술에 대해 알아야 한다.

이 책은 목소리에 대해 자신감이 없는 분, 발음이 부정확해서 전달력이 떨어지는 분, 말을 할 때 생기가 없는 분들이 읽기에 적합한 책이다. 또한 보다 나은 목소리, 발음, 화법을 알기 위해서 공부하기에도 알맞은 책이다.

이 책은 한 달 코스로 매일 훈련해야 할 목표를 정해서 연습하는 실전 목소리 훈련 책이다. 따라서 단순히 읽으면서 소리나 발음, 화법의 원리에 대해 아는 것이 아니라 하루에 30분씩 연습하고 반복하면서 자신의 것으로 만드는 훈련용 책인 것이다.

따라서 매일 이 책을 따라서 읽고 반복 연습하고 자신의 매일의 훈련과제를 체크하면 어느새 목소리와 발음 화술에 대해 많은 발전과 더불어 실생활에서도 충분히 적용할 수 있는 실질적인 도움을 얻을 수 있을 것이다.

2015년 봄

김규현

차 례

3주차 - 모음 종합훈련

4주차 - 실전 화술훈련

이 책은 1달 코스로 실전 목소리 훈련을 할 수 있게 구성을 했다. 따라서 1주차 ~ 4주차 코스마다 훈련을 충실히 소화해야 1달 후에 변화된 소리와 발음을 느낄 수가 있다.

또한, 일주일 코스 안에 매일 매일의 과제가 있다. 그것들을 하나하나 소화한다는 생각으로 충실히 접근하면 누구나 좋은 목소리, 좋은 발음을 가질 수 있을 것이라 확신한다.

■ 1달 훈련 목표

1. 호감 가는 목소리 완성
2. 정확한 발음완성
3. 매력적인 화술완성

다음은 매일의 훈련일지이다.

한 번에 많은 훈련을 하는 것보다 매일 매일 빠지지 않고 훈련일지에 체크하면서 자신의 소리를 녹음하면서 연습을 하는 것이 더 효율적이다.

특히 자신의 소리를 녹음해야 스스로 객관적으로 들을 수 있다. 그 녹음 된 소리를 반복적으로 들으면서 어떤 부분이 잘못인지 발음은 정확한 지를 매일 반복하는 것이 중요하다.

30일 훈련	호흡훈련	발성훈련	공명훈련	오늘의 훈련
1일				
2일				
3일				
4일				
5일				
6일				
7일				
8일				
9일				
10일				
11일				
12일				
13일				
14일				
15일				

30일 훈련	호흡훈련	발성훈련	공명훈련	오늘의 훈련
16일				
17일				
18일				
19일				
20일				
21일				
22일				
23일				
24일				
25일				
26일				
27일				
28일				
29일				
30일				

목소리 훈련이나 발음훈련에서는 반복연습보다 실질적인 것은 없다.

자신의 훈련분량을 규칙적으로 체크하면서 오늘의 훈련일지를 써 가면서 소리까지 녹음한다면 누구나 좋은 효과를 얻을 것임에 틀림없다.

1주차

호흡, 발성, 공명훈련

〈1주차 목표〉

1. 목소리의 원리 알기
2. 복식호흡, 복식발성
3. 공명훈련

Day 1

〈1일〉 오늘의 훈련목표

목소리의 원리

목소리에 대한 불만이 있을 때는 다음과 같다.

1. 목소리가 떨리거나 작을 때
2. 자신의 톤을 알지 못할 때
3. 환경이 변해도 목소리가 일정할 때

좋은 목소리란 무엇일까?

좋은 목소리는 상황에 맞게 자신의 소리를 내는 것이다. 때론 신뢰감 있게 때로는 분위기를 기분 좋게 만드는 소리가 좋은 소리이다.

그래서 우리가 1달 동안의 훈련을 통해 다음과 같은 목소리를 가지는 것이 바로 목소리 훈련의 목표가 될 수가 있다.

1. 신뢰감 있는 안정적인 목소리
2. 상대방을 기분 좋게 하는 낭랑한 목소리
3. 환경에 따라 달라지는 생동감 있는 목소리

그렇다면 소리를 내는 원리는 무엇일까?

소리는 다음과 같은 경로로 우리의 몸 밖으로 나오게 된다.

호흡기관 ➡ 성대 ➡ 조음기관 ➡ 공명

소리를 내는 원리는 먼저 폐를 통해 저장된 호흡이 기관지를 통해 성대의 울림으로 이어진다. 그리고 그 소리는 조음기관 즉, 구강을 통해 코와 입을 울려서 나오게 된다.

따라서 좋은 소리를 내는 것은 풍부한 호흡에서 시작된 공기가 성대와 공명 기관을 충분히 울려서 정확한 발음을 통해 밖으로 나가는 것이라 할 수 있다.

Day 2

〈2일〉 오늘의 훈련목표

호흡, 소리의 원리

우리가 말하는 일반적인 호흡은 공기가 코나 입으로 들어와서 기관지를 통해 폐로 들어가 다시 기관지를 통해 코와 입을 통해 밖으로 나오는 것이다.

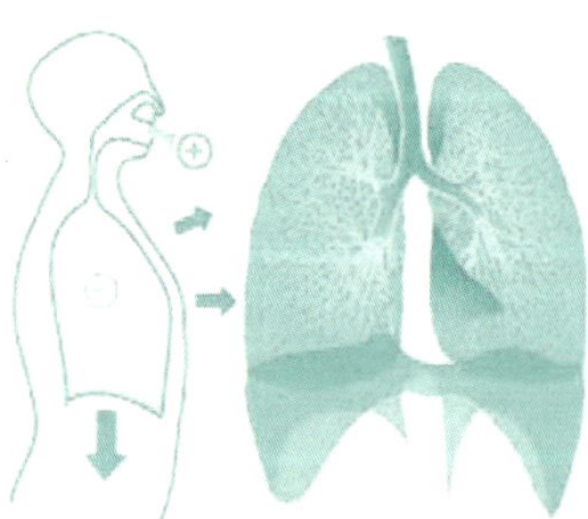

들이마시기

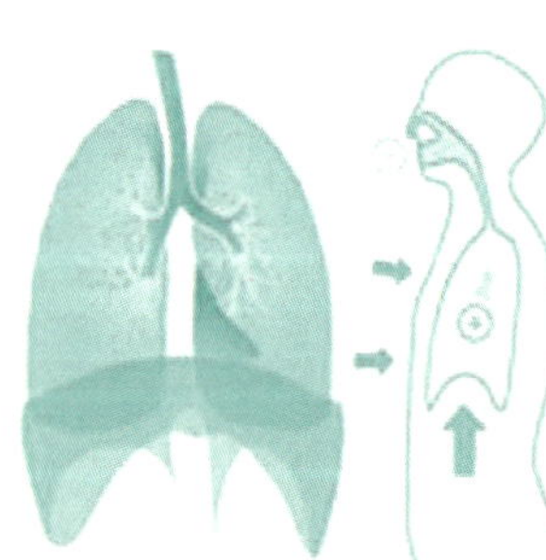

내뱉기

또한 호흡이 기관지를 통해 성대를 울려서 입모양과 혀의 위치에 따라 발음을 형성하고 그 발음은 최종 울림기관인 공명을 통해 밖으로 나오게 된다.

소리의 울림을 주는 방식은 먼저 목 쪽을 통한 인두강, 입을 통한 구강, 코를 통한 비강이 있다.

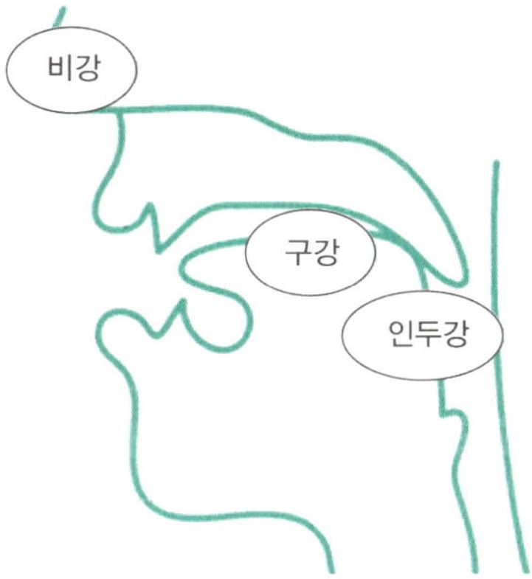

Day 3

〈3일〉 오늘의 훈련목표

복식 호흡훈련

이제부터 본격적으로 호흡과 소리를 훈련하는 방식에 대해 얘기할 것이다. 아무리 건물이 예쁘고 화려하더라도 기초공사가 튼튼하지 못하다면 안정감을 줄 수가 없다. 이 안정감을 키우는 것이 목소리에 있어서 복식호흡과 발성이다.

즉, 우리가 얘기하는 신뢰감 있는 목소리 안정감 있는 소리는 바로 이 복식호흡과 발성에서 나온다. 이러한 기초가 튼튼하지 않다면 아무리 좋은 발음을 하고 있고 성대와 공명이 좋다고 하더라도 깊은 울림을 주지 못하게 된다.

복식 호흡에서 중요한 부분이 바로 '횡격막'을 늘려주는 것이다. 배 가운데 소장을 둘러쌓고 있는 얇은 막이 바로 '횡격막'이다.

이 부분을 늘려주려면, 호흡을 들여 마시고 내뱉는 훈련을 해야 한다. 물론 호흡은 좌, 우측의 폐를 통해 하지만 폐로 공기가 충분히 유입될 수 있도록 횡격막을 팽창시켜 두는 것이다.

먼저 횡격막의 위치이다.

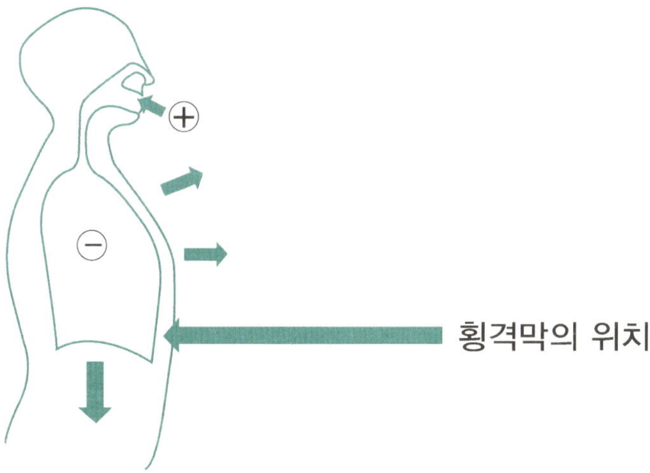

위의 그림에서 볼 수 있듯이 충분히 공기가 유입이 될 때 횡격막을 부풀게 하는 것이다. 이는 마치 풍선을 불 때처럼 공기가 들어오게 되면 풍선이 팽창하는 것과 마찬가지이다.

다음은 복식호흡 연습의 방법이다.

먼저 바른 자세로 서서 호흡을 천천히 4카운트에 맞춰서 들여마시고 참고 내뱉고 그것이 익숙해질 때 6카운트, 8카운트씩 늘려가는 것이다. 여기서 카운트는 초를 얘기하는 것이고 혼자 손가락으로 세면서 호흡 연습을 하면 된다.

1. 호흡을 4카운트 들이마시고 4카운트 참고 4카운트 내뱉기
2. 호흡을 6카운트 들이마시고 4카운트 참고 6카운트 내뱉기
3. 호흡을 8카운트 들이마시고 4카운트 참고 8카운트 내뱉기

Day 4

〈4일〉 오늘의 훈련목표

복식 발성훈련

'복식발성'은 횡격막을 자극해서 소리를 내는 것이다. 일반적으로 우리가 소리를 낼 때는 성대만을 사용해서 소리를 내는데, 이것은 마치 악기의 원리와 같다.

기타를 연주할 때 소리를 울려주는 부분이 깊지 않으면 울림이 좋은 소리가 나올 수 없듯이 가슴만으로 즉, 흉식호흡으로 소리를 내면 당연히 소리의 울림이 적기 때문에 안정적인 소리가 나올 수 없다.

그에 반면 복식발성을 이용하게 되면, 소리가 깊고 울림이 생기기 때문에 안정적이면서 매력적인 음성을 전달할 수 있다.

신뢰감 있고 매력적인 목소리를 위해서 '복식발성'으로 소리를 훈련하는 것이 중요하다.

왜냐하면 울림이 있는 소리는 사람들이나 청중들에게 안정적으로 전달이 될 수 있고, 특히 사람이 많을 때 빛을 발휘할 수 있기 때문에 복식발성은 매우 중요하다.

하지만, 배우들이나 성악가들의 평소소리 자체에 울림이 있는 것은 일부러 그렇게 소리를 내는 것이 아니라, 자연스레 훈련이 된 것이다.

그렇기 때문에 실생활이나 면접 또는 강의에서 복식발성을 하면 호통이나 야단이 될 수 있다. 즉, 평소 하루에 20분정도의 훈련을 통해 자연스레 안정된 소리를 만들라는 것이다.

횡경막의 수축과 이완을 통한 발성

소리를 직선으로 보내는 것이 중요

다음은 복식발성 훈련을 하는 방법이다.

먼저 '야'라는 소리를 횡격막을 천천히 팽창시켰다가 수축하면서 길게 낸다.

이때 주의할 점은 호흡을 마시는 것이 일정해야 하고 내뱉을 때는 '야'라는 소리를 일정하게 그리고 길게 내뱉어야 한다.

처음 이 훈련을 하게 되면 횡격막이 발달하지 않은 상태에서 하는 것이기 때문에 메스꺼움을 느낄 수도 있으므로 무리하게 하는 것보다는 하루에 정해진 양을 소화하는 것이 더 중요하다.

그 다음은 횡격막을 빠르게 팽창시켰다가 수축하면서 짧게 '야'라는 소리를 낸다. 이 훈련은 횡격막을 보다 자극하는 방법으로 한 번에 빨리 많은 양의 호흡을 마시고 그 호흡을 빠르게 '야'라는 소리로 내뱉는 것이 포인트이다.

다음은 점프를 하면서 발이 지면에 닿음과 동시에 '야'라는 소리를 낸다.

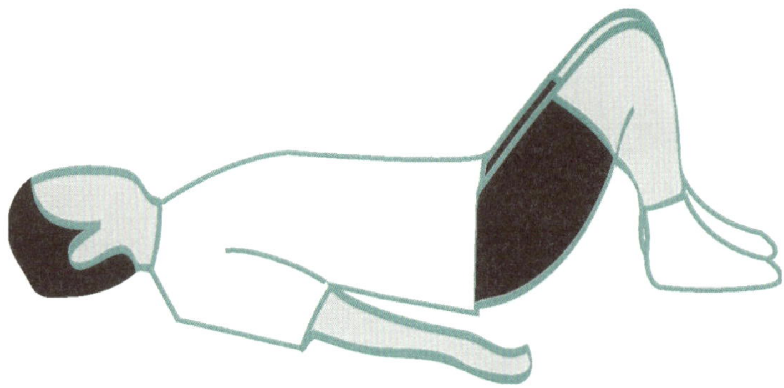

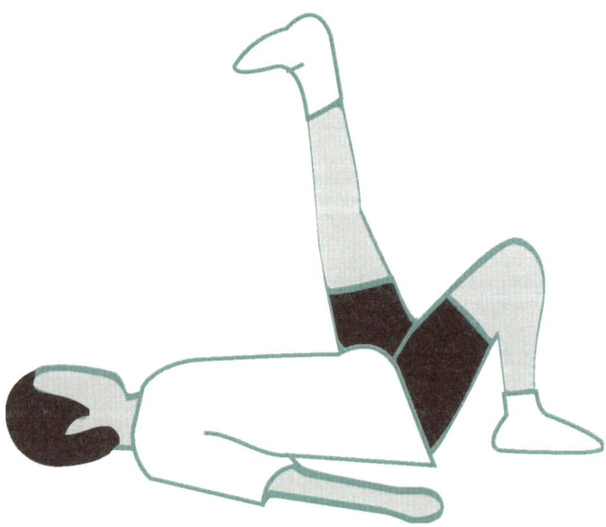

마지막으로 윗몸일으키기를 하면서 올라올 때 '아'라는 소리를 내면서 몸을 일으킨다.

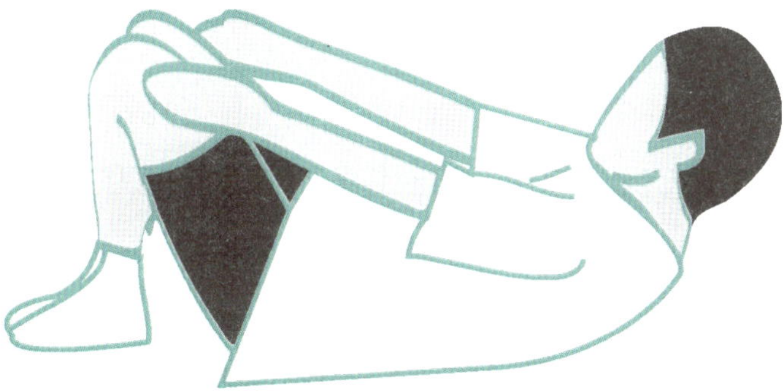

점프나 윗몸일으키기는 집에서 하기엔 소음문제로 인해 적합하지 않을 수도 있지만, 만약 그런 것이 가능한 환경이라면 무척 효율적인 복식발성 방법일 수 있다.

복식발성은 절대 하루아침에 되지 않는다. 그 원리를 정확히 이해하고 꾸준한 반복 연습을 하다보면 어느새 사람들이 '목소리가 좋아졌네.'라는 말을 하게 된다.

1. 횡경막을 수축 이완을 통해 '야'라는 소리를 길게 낸다.(10회)

2. 횡경막의 수축과 이완을 통해 '야'를 짧게 반복(10회)

3. 점프를 하고 지면에 발이 닿을 때 '야'라는 소리를 낸다.(10회)

4. 윗몸 일으키기를 하면서 올라올 때 '아'라는 소리를 낸다.(5회)

Day 5

〈5일〉 오늘의 훈련목표

1. 공명의 원리 알기
2. 인두강훈련

복식발성만큼 중요한 소리의 부분 중 하나가 '공명'이다. '공명'은 소리가 최종적으로 밖으로 나오기 전에 울림을 주는 것이다.

공명에는 인두강과 구강 그리고 비강이 있다.

인두강은 후두라고 하는 부분 즉, 목에서 나는 소리를 얘기한다. 보통 저음을 낼 때 목 뒤쪽을 울려서 소리를 낸다. 가수 중에는 김동률 씨, 배우 중에는 이병헌 씨가 그런 소리가 발달했다.

구강은 말 그대로 입안의 울림을 통해 나오는 울림 방법이다. 보통의 사람들이 말을 할 때 많이 쓰는 울림이다.

비강은 코 안의 울림을 이용해서 내는 울림 방법이다.

방송인 현영 씨나 가수 장윤정 씨 등 특히 트로트 가수가 많이 쓰는 공명 방식이다. '어떤 울림이 좋다.' 라는 것보다 이 세 가지의 공명 방식을 적재적소에 활용하는 것이 좋은 방법이다. 가령, 공식 석상이나 이성적으로 얘기해야 하는 곳은 인두강의 공명 방법이 적합하고 사석이나 활기찬 곳에서는 비강을 동원한 구강 공명 방식이 적합할 수 있다.

늘 똑같은 소리만 내고 리듬의 변화가 없다면 지루할 수밖에 없다.

그렇기 때문에, 다양한 상황에 맞게 여러 가지 울림을 활용한다면 지루하지 않고 생동감 있게 내용을 전달할 수 있다.

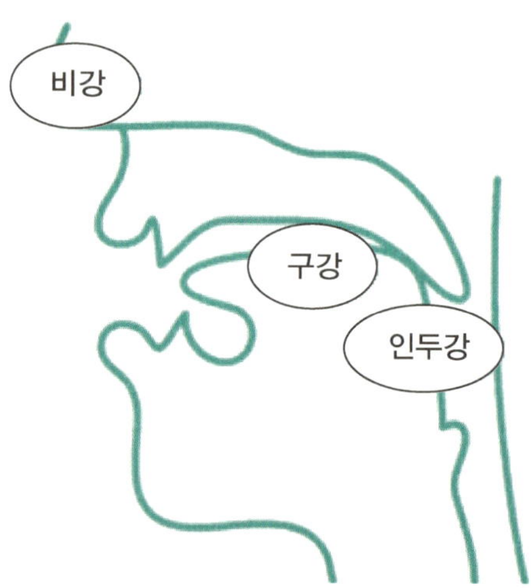

다음은 훈련 방식이다. 인두강은 '야'라는 소리로 구강은 '아'라는 소리 그리고 비강은 '음'이라는 소리로 훈련하면 더 효율적이다. 왜냐하면 '야'는 소리는 목 쪽에서 소리가 출발하고 '아'는 입에서 소리의 시작점이 있고 '음'이라는 소리는 코 쪽에서 울림이 생기기 때문이다.

1. 야··· 라는 소리를 통해 인두강 훈련(5회)
2. 아··· 라는 소리를 통해 구강 훈련(5회)
3. 음··· 이라는 소리를 통해 비강 훈련(5회)

먼저 인두강의 장·단점이다.

인두강(저음)

- **장점**

  듣는 이에게 안정감을 준다.

  침착하고 편안한 느낌을 준다.

- **단점**

  분위기가 다운된다.

  답답함을 준다.

인두강은 듣는 이에게 신뢰감과 안정감을 줄 수 있지만, 자칫 분위기를 다운시킬 수 있으므로 공식석상에서는 적합하지만 사석에서는 오히려 답답함을 줄 수 있다.

따라서 프레젠테이션과 같은 자리나 강의와 같은 발표에서는 인두강을 활용해서 소리를 내는 연습이 되어 있어야 청중이 집중을 하게 되고 신뢰를 갖게 할 수 있다.

다음은 아래에 있는 말을 인두강을 활용해서 소리를 내는 연습을 해 보자.

상대방에게 신뢰감을 주는 목소리를 내자.
듣는 이에게 편안함을 주는 목소리를 들려주자.
상대방을 설득시킬 수 있는 목소리가 중요하다.

천천히 윗부분을 인두강을 통해 소리를 내어본다. 인두강은 소리의 위치가 목 쪽에 있기 때문에 그러한 부분을 유념해서 훈련해본다.

몇 번씩 연습을 하다가 자신의 소리를 녹음해서 들어보고 다시 부족한 부분을 연습해야 한다.

Day 6

〈6일〉 오늘의 훈련목표

구강훈련

구강은 소리의 위치가 입 쪽이다. 먼저 구강에서 소리가 나올 때의 장, 단점이다.

구강(중음)

- 장점

듣는 이에게 신뢰감을 준다.

적당한 톤의 느낌을 준다.

- 단점

지루할 수 있다.

구강은 적당한 톤의 느낌이기 때문에 듣는 이에게 편안한 신뢰감을 준다. 우리가 가장 많이 쓰는 울림의 형태이다. 하지만 구강으로만 소리를 내면 역시 지루할 수 있기 때문에 인두강과 구강 비강을 적재적소에 활용하는 것이 중요하다.

다음은 구강연습이다. 반복적으로 말을 하며 구강에서의 울림을 느껴 보자.

> 낙엽이 지는 거리를 걸으며 생각에 잠긴다.
>
> 잔잔한 호수를 보며 과거를 회상한다.
>
> 출렁이는 파도를 보며 미래를 꿈꾼다.

Day 7

〈7일〉 오늘의 훈련목표

비강훈련, 매일훈련

다음은 비강, 즉 코 안에서의 울림소리이다.

비강(고음)

- **장점**

  발랄하고 쾌활한 느낌

  밝고 긍정적 느낌

- **단점**

  가벼워 보인다.

  신뢰감이 떨어질 수 있다.

비강은 발랄하고 밝은 느낌을 심어줄 수 있는 반면, 가벼워 보일 수 있다는 단점도 함께 갖고 있다. 그렇기 때문에 공식석상보다는 사석, 공식석상 중에서도 망년회 같은 유연한 분위기에서 활용하는 것이 좋다.

다음과 같은 문장을 비강을 활용해서 소리 내 보자. 소리를 낼 때 소리의 중심과 방향을 코 쪽으로 두고 발음을 해야 한다.

아침에 일어나서 음악을 듣는다. 점심엔 친구들과 어울려서 커피를 마신다. 저녁엔 가족과 저녁을 먹으며 대화를 한다.

다음은 매일의 기본 훈련이다.

가장 먼저 간단하게 몸을 스트레칭 한다.

그러고 나서 복식호흡 훈련을 한다.

4 카운트씩 들여 마시고 참고 내뱉기를 하고 6 카운트, 8 카운트까지 한다.

그다음은 복식발성이다. 횡격막의 수축과 이완을 통해 처음엔 소리를 길게 3번씩 그리고 다음은 짧게 소리를 강하게 3번씩 소리를 낸다.

마지막으로 저음 즉, 인두강을 활용해서 '야'라는 소리를 중음 즉, 구강을 이용해서 '아'라는 소리를 그리고 고음 즉, 비강을 활용해서

'음'이라는 소리를 3번씩 길게 낸다.

이 훈련을 하루에 30분씩 매일 반복하는 것이 중요하다. 꾸준히 한 달만 제대로 한다면 분명 울림이 있는 목소리, 듣기 좋은 목소리로 탈바꿈할 것이라 자신한다.

매일의 훈련목표(하루 30분)

1. 복식호흡(4카운트 마시고 4카운트 참고 4카운트 내뱉기 5세트)
2. 복식발성(횡격막의 수축과 이완을 통해 '야', '아' 각각 3번씩 5세트)
3. 공명훈련(얼굴근육 풀어주고 저음으로 '야…'라는 소리를, 중음으로 '아…'라는 소리를 '음…'이라는 고음으로 3세트씩 길게 낸다.)

2주차

자음 종합훈련

〈2주차 목표〉

1. 발음의 원리
2. 자음훈련
3. 매일훈련(호흡, 발성, 공명)

Day 8

〈8일〉 오늘의 훈련목표

발음의 원리

발음은 아래의 그림과 같이 혀와 치아 그리고 입의 모양에 따라 발음기호가 형성된다.

먼저 자음은 소리 내는 위치에 따라 아래 그림처럼 구별이 된다.

순음은 말 그대로 입술을 활용해서 내는 소리이다. ㅁ, ㅂ, ㅍ 자음이 이에 해당한다.

치조음은 이빨 쪽에서 나는 소리이다. ㄷ, ㅅ, ㄴ, ㄹ 자음이 이에 적용된다.

경구개음은 이와 목 앞 중간 지점에서 나는 소리이다. ㅈ, ㅊ 자음이 이에 속한다.

- 자음 : 혀의 위치와 소리
- 모음 : 입 모양

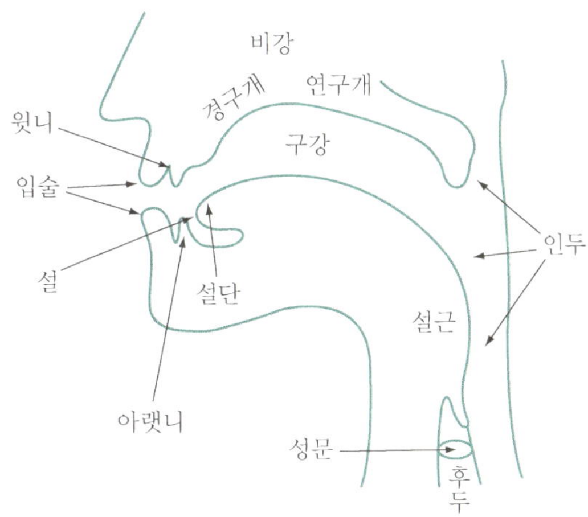

연구개음은 목 앞쪽에서 나는 소리이다. ㄱ, ㅇ 자음이 이에 해당되고 마지막으로 후음은 목 쪽에서 나는 소리이다. ㅎ이 바로 후음에 해당되는 자음이다.

- 자음 : 혀의 위치와 소리

1. 순음 - ㅁㅂㅍ
2. 치조음 - ㄷㅅㄴㄹ

3. **경구개음** - ㅈ ㅊ

4. **연구개음** - ㄱ ㅇ

5. **후음** - ㅎ

또한 아래 그림과 같이 입모양에 따라서 모음이 형성된다.

입 모양에 따라 ㅏ, ㅑ, ㅓ, ㅕ, ㅗ, ㅛ, ㅜ, ㅠ, ㅡ, ㅣ 등의 모음이 만들어진다.

- **모음 : 입 모양**

1. **단 모음** - ㅣ, ㅏ, ㅜ, ㅗ, ㅡ
2. **반 모음** - **이중 모음을 만들어 주는 모음**(ㅣ, ㅡ, ㅗ, ㅜ)
3. **이중 모음** - ㅑ, ㅕ, ㅛ, ㅠ, ㅢ, ㅙ, ㅝ, ㅟ, ㅘ, ㅞ, ㅚ

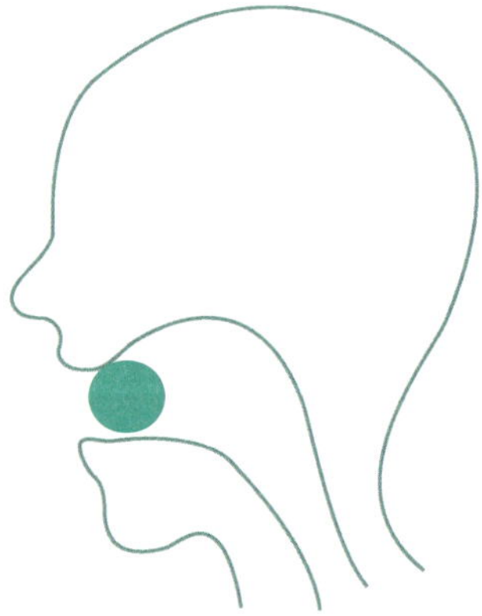

위의 그림처럼 단모음은 말 그대로 하나의 모음 즉, ㅏ, ㅓ, ㅗ, ㅜ, ㅡ, ㅣ 등과 같은 모음을 얘기한다.

반모음은 이중모음을 만들어 주는 모음에 해당한다. 가령, ㅑ의 경우 'ㅣ'에 'ㅏ'가 결합해서 'ㅑ'를 만드는데 이때 'ㅣ'모음이 반모음에 해당하는 것이다.

이중모음은 반모음과 단모음의 결합 형태인 ㅑ, ㅕ, ㅛ, ㅠ, ㅙ, ㅝ, ㅞ, ㅚ, ㅢ 등의 모음을 말한다.

발음은 선천적인 부분과 후천적인 부분이 있다.

거의 대부분은 후천적인 이유 때문에 발음을 교정해야 한다.

선천적인 부분은 턱이라든가 혀가 유난히 긴 경우, 또는 유난히 짧은 경우를 얘기하는 것이다. 이런 경우는 수술적인 부분으로 고쳐야 한다. 후천적인 경우는 어렸을 때, 발음을 짧게 하거나, 대충 대충해서 생긴 고착성 그리고 습관성 원인이다.

이러한 경우는, 입모양과 혀의 위치를 제대로 자리 잡는 발음연습을 통해 다시 제자리로 위치시켜야 한다.

그리고 자음과 모음을 또 구별해서 어떠한 부분이 문제인지를 인식하는 것이 중요하다.

대부분의 경우 ㅅ, ㅈ 발음이 문제가 된다.

왜냐하면 어렸을 때부터 저 두 발음은 신경 써서 해야 하는데, 편하게 발음하다 보니 습관이 되어 혀 짧은 발음으로 고착되어 있는 것이다.

그래서 발음훈련을 할 경우 정확한 입의 구조를 흉내 내면서 녹음을 하면 자신의 어떤 자, 모음이 정확하지 않은 것인 지 파악할 수 있다.

특히 'ㅅ'자의 경우 치아가 닫힌 상태에서 혀를 정확히 뒤를 빼지 않고 말해서 정확하지 않게 발음이 되는 것이기 때문에, 'ㅅ'발음 앞에 '으'를 붙여서 '으싸' 발음을 의도적으로 하면 더 정확한 'ㅅ'자 발음을 할 수 있다.

'ㄹ'의 경우는 혀를 말아서 천정에 붙인 다음 발음을 해야 하기 때문에 발음이 안 좋은 경우는 혀가 말리지 않아서인 경우가 대부분이다.

그렇기 때문에 'ㄹ'발음 앞에 '을'을 붙여서 '을를' 발음을 하면 된다.

또한 'ㅈ'의 경우는 치아가 닫힌 상태에서 혀를 밑에서 뒤로 보내는 발음이기 때문에 발음이 잘되지 않을 때에는 의도적으로 'ㅈ'발음 앞에 '은'을 붙여서 '은자' 발음을 내면 된다.

또 안 되는 발음 중에 하나가 이중모음인데 예를 들어, '여' 발음은 'ㅣ'와 '어'를 합해서 내야 하므로 의도적으로 '이어'라고 발음을 하면 더 정확히 이중모음을 할 수 있다.

그리고 'ㅚ'와 'ㅙ'의 구별 'ㅣ'와 'ㅟ'의 구별도 입모양을 정확하게 해야 분별을 할 수 있기 때문에, 발음을 할 때는 입을 크게 벌리고 연습을 해야 한다.

이것은 마치 씨름선수가 모래주머니를 차다가 모래주머니를 빼면 날아가는 듯한 느낌과 마찬가지로 입을 크게 벌리면서 연습을 하다보면 자연스럽게 발음이 자연스러워질 때가 있다.

매일 연습을 통해 정확한 입의 모양과 혀의 위치를 자리 잡으면서 연습을 한다면 누구나 분명 정확한 발음을 하실 수 있을 것이다.

사투리 역시 마찬가지이다. 사실 사투리는 사실 하루아침에 고쳐지지는 않는다.

그렇기 때문에 매일매일 신문이나 짧은 소설 등을 자꾸 읽어보면서 자신의 소리를 녹음해서 들어보는 연습을 하는 것이 좋다.

또는 친한 친구가 있으면 자신의 소리를 들려줘서 교정을 해 니가야 한다. 그렇지 않으면, 어디가 잘못됐는지, 무엇을 바꿔야 하는지를 알 수가 없다.

중이 자기 머리를 깎지 못하듯이 사투리는 반드시 자기가 아닌 다른 사람 또는 녹음을 해서 듣는 것이 지름길이다. 그리고 뉴스 등을 따라하면서 정확한 발음으로 연습을 하다보면 처음엔 힘들겠지만, 어느새 자신도 모르게 발전하고 있다는 것을 느끼게 될 것이다.

사투리를 고치는 것은 영어를 공부하는 것과 매우 흡사하다.

우리가 원어민이 아니고, 영어권 나라에서 태어나지 않은 이상, 매일매일 연습을 할 수밖에 없다. 그렇지 않으면 다시 원래대로 돌아가기 때문이다.

그리고 매일매일 읽고 듣고 쓰기를 반복해야 종합적으로 영어가 늘기 시작하듯이, 사투리도 마찬가지이다.

매일매일 신문을 읽고 발음을 해 보고, 자신이 직접 녹음해 보고해야 서서히 늘기 시작한다. 이때 주의할 점은 친구나 주변사람과 얘기할 때도 사투리를 쓰면 안 된다는 것이다.

영어를 잘하려면 영어를 쓰는 환경에 자주 노출해야 하듯이 사투리를 안 쓰려면 표준어를 쓰는 환경에 자주 노출해야 하는 것이다.

그렇게 하다보면 어느새 표준어를 쓰게 되는 스스로를 발견하게 될 것이다.

다음으로는 발음을 어떻게 읽느냐 하는 부분이다.

쓰는 것과 읽는 것은 다르다. 읽을 때에는 소리 나는 대로 읽어야 한다. 하지만 그 안에서도 법칙이 있다. 무작정 소리 나는 대로 읽는 것이 아니라, 국어의 음운 법칙인 끝소리법칙, 자음동화, 구개음화, 연음법칙 등에 따라서 소리를 내야 한다.

1. 소리 나는 대로 읽는 것
2. 음운 변화에 따라 읽는 것
(음절의 끝소리법칙, 자음동화, 연음법칙)

소리 나는 대로 읽을 때 유의해야 할 부분은 바로 음운 변화 규칙이다. 국어에서 음운변화 규칙은 3가지를 말할 수 있다.

자음동화는 어느 하나의 자음이 바로 인접하거나 격리되어 있는 다른 자음의 자질 영향 때문에 그와 같거나 공통점이 많은 다른 자음으로 되는 현상을 말한다.

음절의 끝소리 규칙은 음절의 끝소리가 'ㄱ, ㄴ, ㄷ, ㄹ, ㅁ, ㅂ, ㅇ'의 7개 자음으로만 발음되는 현상을 말하며 마지막으로 연음법칙은 자음으로 끝나는 음절에 모음으로 시작될 때 앞 음절의 끝소리가 뒷 음절의 첫소리가 되는 음운 규칙을 말한다.

하지만 국어에 대한 지식을 가르치는 것이 아니라 우리는 목소리를 잘 내기 위함이니, 발음에 필요한 지식만 알면 될 것이다.

그리고 그러한 소리 나는 대로 읽는 것은 친절하게 앞으로 설명을 할 것이다.

1. 첫 음절 : [의]

2. 둘째 음절 이하 : [의 / 이]

3. 조사 : [의 / 에]

ex) 민주주의 의 의 의
↓ ↓ ↓ ↓
의/이, 의/에, 의, 의/이

위의 그림에서처럼 '의'라는 소리는 첫음절에 위치하느냐 둘째음절에 위치하느냐 또는 조사로 활용하느냐에 따라 '의', '이', '에'로써 발음이 될 수가 있다.

Tip

1. 얼굴을 마사지 하듯이 풀어준다.
2. 아, 애, 이, 오, 우를 3초씩 5세트를 한다.
3. 입술을 푸르르르~ 라는 소리를 내며 풀어준다.

다음은 발음을 연습하기 전에 입을 푸는 방법이다. 얼굴을 마사지 하듯이 풀어주고 아, 애, 이, 오, 우를 3초씩 길게 5세트 연습을 한다. 이때 주의할 점은 입을 크게 벌린다.

마지막으로 입술을 다문 상태에서 푸르르~ 라는 소리를 내며 입술을 풀어 준다.

복식호흡, 복식발성, 공명훈련 이 세 가지 매일 훈련을 20~30분 정도 하고 나서 발음을 풀어주고 그날그날의 훈련과제를 하면 된다.

이 방법이 목소리와 발음을 훈련하는 가장 좋은 방법이다.

Day 9

〈9일〉 오늘의 훈련목표

1. 자음의 원리
2. ㄱ, ㄴ 발음훈련

• 조음 위치에 따라 발음이 달라진다.

1. 양순음(입술소리) - ㅁ, ㅂ, ㅍ
2. 치조음(혀끝소리) - ㄷ, ㅅ, ㄴ, ㄹ
3. 경구개음 - ㅈ, ㅊ
4. 연구개음 - ㄱ, ㅇ
5. 후음 - ㅎ

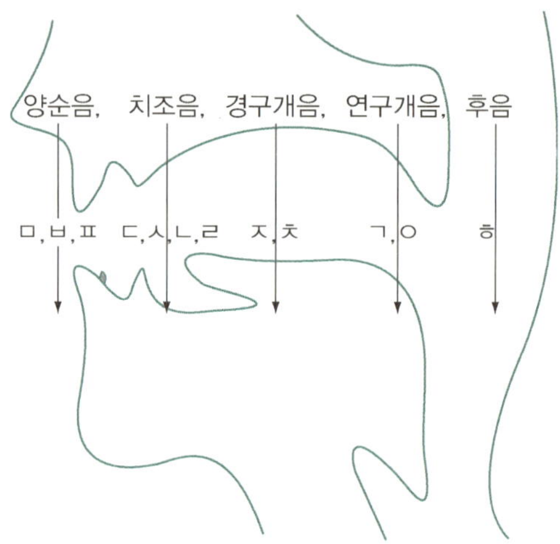

• 자음의 종류

1. **평음(예사소리)** - ㄱ,ㄴ,ㄷ,ㄹ,ㅁ
2. **격음(거센소리)** - ㅋ,ㅌ,ㅊ,ㅍ,ㅎ : **평음** + ㅎ
3. **경음(된소리)** - ㄲ,ㄸ,ㅃ,ㅆ,ㅉ : **소리를 세게 냄**

위의 그림처럼 소리의 구별방식에 따라 평음과 격음 경음이 있다는 것을 참조하면 된다.

자, 이제부터는 'ㄱ'부터 'ㅎ'에 이르기까지 자음연습을 할 것이다. 그 날 그 날의 과제에 따라 체계적으로 연습하면 된다. 이때도 반드시 매일의 훈련과제를 30분정도 하고 20분정도 당일 과제를 연습해야 한다.

ㄱ 발음은 연구개 즉, 구강 뒤쪽에서 소리 나는 발음이다. 그림처럼 연구개의 위치에서 혓바닥을 고정시킨 상태에서 부드럽게 입을 벌리며 소리를 내고 이때 소리의 방향은 앞쪽을 향해야 한다.

- ㄱ발음 연습

가구 고기 계곡 금괴 권고

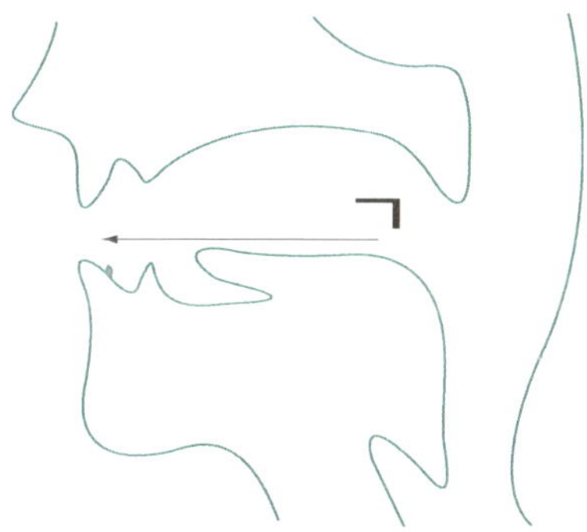

Tip

연구개의 위치에서 혓바닥을 고정시킨 상태에서 부드럽게 입을 벌리며, 소리 냄. 소리의 중심은 입 앞쪽을 향함.

다음은 ㄱ 종합훈련이다. 다양한 문장을 통해 연습을 반복적으로 하는 것이 중요하다.

- 가갸거겨고교구규그기
- 경찰청 쇠창살 외 철창살, 검찰청 쇠창살 쌍 철창살
  쇠창쌀 철창쌀 쇠창쌀 철창쌀
- 김서방네 지붕 위에 콩깍지가 깐 콩깍지냐 안 깐 콩깍지이냐?
  콩깍찌 콩깍찌냐 콩깍찌이냐
- 깊은 산속 부엉이는 부엉부엉 하고 깊은 계곡 꾀꼬리는
  기픈 산쏙 기픈
  꾀꼴 꾀꼴
- 고독하게 고립되어 있는 고라니를 보고 구조요청을 했다.
  고도카게 인는 핻따

Tip

먼저 '가 갸 거 겨 고 교 구 규 그 기' 발음을 천천히 한다. 정확하게 입모양을 생각하면서 발음을 해야 한다. 'ㄱ' 발음은 연구개 쪽에서 나는 발음이기 때문에 소리 나는 위치를 생각하면서 주의 깊게 연습을 해본다. 특히, 어절 단위로 띄어 읽기를 하면서 발음을 명확하게 않도록 유의해야 한다.

- 그림 속의 기린은 진짜 기린일까? 아닐까?
  쏘게 기리는 기리닐
- 고등어 자반 보다 오늘은 굴비를 먹고 싶다.
  오느른 먹꼬 십따
- 구슬프게 울고 있는 저 새는 종달새인가 꾀꼬리인가?
  인는 달쌔
- 그렁그렁 눈물을 머금고 있는 저 아이는 무슨 사연이
  눈무를 머금꼬 인는 사여니
  있을까?
  이쓸

횡격막을 이용한 복식발성과 인두강을 활용한 안정감 있는 소리를 내보자.

말을 천천히 띄어 읽기에 유의하면서 연습해 보자.

오늘의 훈련과제 – 신문 낭독

우리 몸은 일반적으로 하루 2*l* 가량 물을 7~8번에 걸쳐 나눠 마셔야 적절한 수분 함량을 유지할 수 있다. 특히 미세먼지와 황사가 많은 봄철에는 충분한 물 섭취가 중요하다. 체내 수분이 부족해지면 열이 나고 맥박이 빨라지며, 진땀이 나고 어지럼증

이 나타난다. 만일 소변 색깔이 짙은 갈색을 띤다면 이 또한 수분 부족이 원인일 수 있다. 유태호 H+ 양지병원 가정의학과 과장은 "수분 함량이 정상 수준이면 체액은 중성과 약알칼리성을 유지하지만 산성 혹은 알칼리성으로 쏠리게 되면 각종 대사질환이 발생할 수 있어 주의를 기울이는 것이 좋다"고 조언했다. 이처럼 물은 생명수이지만 과도하게 마시면 병력이나 가족력에 따라 위험할 수도 있다.

ㄴ **발음**은 치조음 즉, 이빨 사이 앞쪽에서 발생하는 발음이다. 이빨 사이에서 혀를 앞으로 내밀다가 혓바닥을 뒤로 빼면서 소리를 내야하고 이때 소리의 방향은 코 쪽을 향해야 한다.

- **ㄴ발음 연습**

나눔 냠냠 노년 누나 냄비

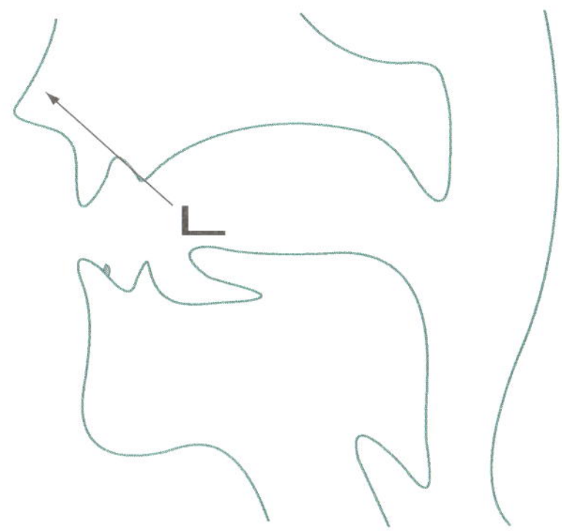

Tip

이빨 사이에 혀를 살짝 앞으로 내밀다가 혓바닥을 뒤로 빼면서 소리를 냄. 이때 소리의 중심은 코쪽으로 향함.

다음은 ㄴ 종합훈련이다.

- 나냐너녀노뇨누뉴느니
- 내가 그린 그림은 구름그림이다.
  그리믄 그리미다
- 눈이 오는데 눈에서 물이 흐르니 이게 눈물인가 눈물인가?
  누:니 누네서 무리 눈:무린가 눈무린가

- 누나를 아무리 기다려도 누나는 집에 오질 않네.
  지베 안네
- 놀아도 놀아도 지치지가 않는 너를 보니 내가 다 지친다.
  노라도 노라도 안는

Tip

먼저 '나 냐 너 녀 노 뇨 누 뉴 느 니' 발음을 천천히 한다. 정확하게 입모양을 생각하면서 발음을 해야 한다. 'ㄴ' 발음은 이빨 앞 쪽에서 혀를 살짝 깨문 상태에서 뒤로 혀를 빼면서 내는 발음이기 때문에 소리 나는 위치를 생각하면서 주의 깊게 연습을 해야 한다. 그런 다음, 나머지 문장을 또박 또박 천천히 발음 해보자.

- '누구를 위해 종은 울리나'의 작가는 어니스트 헤밍웨이야.
  작까
- 내가 누누이 얘기하지만 그건 네 잘못이 아니야.
  니 잘모시
- 나도 정확히 잘은 모르지만 내 생각엔 누나 말이 맞는 것 같은데.
  정화키 자른 생가겐 마리 만는 걷 가튼데

• 나도 중요하지만 너도 중요하다는 생각이 요새는 결여 돼
생가기 겨려

있는 것 같아.
인는 걷 가타

인두강과 구강을 활용한 공명이 있는 소리를 내보자.

말을 천천히 띄어 읽기에 유의하면서 실제 아나운서처럼 말을 해보자.

오늘의 훈련과제 – 날씨 뉴스

다시 봄이 조금씩 제자리를 찾아가는 느낌입니다. 오늘 아침까지만 해도 겨울처럼 추웠는데요. 지금은 따스한 햇살이 내리쬐면서 기온이 빠르게 오르고 있습니다. 현재 서울 기온 12도로 어제 같은 3도나 높고요. 볼을 스치는 바람도 상쾌하게 느껴집니다. 어느덧 봄의 색이 짙어졌습니다. 앙상했던 나뭇가지에 파릇파릇 새순이 돋아나기 시작했고요. 간간히 꽃망울을 터뜨린 노란 개나리도 볼 수 있습니다. 한낮에는 따스한 햇살 아래 서울 13도, 광주와 대전도 13도, 대구 14도까지 오르면서 추위

가 물러가겠습니다. 다음은 주간 날씨입니다. 이번 주에는 다시 날씨가 쌀쌀해지면서 고기압의 영향을 받는 주말이 되겠습니다. 외출 시에는 일교차를 생각해서 따뜻한 옷을 준비하는 것이 좋을 것 같습니다.

Day 10

〈10일〉 오늘의 훈련목표

ㄷ, ㄹ 발음훈련

ㄷ 발음은 치조음 즉, 이빨사이에서 발생하는 발음이다. 이빨사이에 혀를 살짝 앞으로 내밀다가 혓바닥을 뒤로 빼면서 소리를 내야한다. 이때 소리의 방향은 입 앞쪽을 향해야 한다.

• ㄷ발음 연습

다독 대담 도둑 돌다 다람쥐

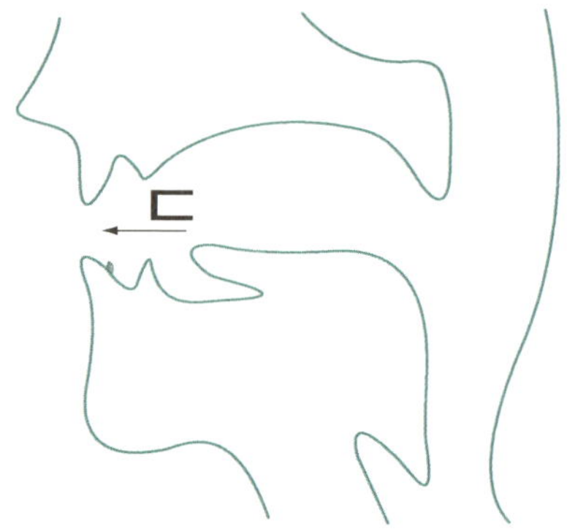

Tip

이빨 사이에 혀를 살짝 앞으로 내밀다가 혓바닥을 뒤로 빼면서 소리를 냄. 이때 소리의 중심은 입 앞쪽으로 향함.

다음은 ㄷ 종합훈련이다.

- 다댜더뎌도됴두듀드디
- 다람 다람 다람쥐 알밤 줍는 다람쥐 보름 달밤에 알밤
  줌는 달빠메
  줍는 다람쥐
  줌는

• 다우네 외가는 외 중에 있고, 다우네 외숙모는 윗마을에 있다.
읻꼬 외숭모 윈마으레 읻따

• 단골집 담 큰 주인은 닭장에서 닭 모이를 주는 게 그의 취미이다.
단골찝 주이는 닥짱에서 당 에

• 도망가는 것보다 부딪혀 이겨내는 것이 더 현명한 도전이다.
걷뽀다 부디쳐 거시 도저니다

Tip

먼저 '다 댜 더 뎌 도 됴 두 듀 드 디' 발음을 천천히 한다. 정확하게 입모양을 생각하면서 발음을 해야 한다. 'ㄷ' 발음은 이빨 앞 쪽에서 혀를 뒤로 빼면서 내는 발음이기 때문에 소리 나는 위치를 생각하면서 주의 깊게 연습을 해본다.

• 다리미로 제대로 펴야 깔끔하게 셔츠를 입을 수가 있지.
이블 쑤가 읻찌

• 도라지는 원기충전과 체력증진에 많은 효과가 있다고 하더라.
증지네 마는 읻따고

• 다우지수가 많이 떨어져서 사람들이 공포에 떨고 있네요.
마니 떠러 드리 인네요

• 다다익선이지. 좋은 일은 많으면 많을수록 좋은 거야.
익써니지 조은 이른 마느면 마늘쑤록 조은

인두강을 활용한 안정감 있는 소리를 내보자.

말을 또박또박 정보 전달에 유의하면서 연습을 해보자.

오늘의 훈련과제 – 정보 전달

'적게 먹고 운동을 많이 하라.' 살을 빼는 가장 기본적인 원칙이지만, 뜻대로 안 되는 경우가 많다. 성공적인 다이어트를 위해서는 좋은 습관을 들이는 것이 필요하다고 전문가들은 조언한다. 이와 관련해 미국의 CNN 방송이 성공적인 다이어트를 위한 5가지 습관을 소개했다. "나는 살을 빼고 싶다"와 같은, 막연한 계획은 실패하기 십상이다. 현재의 당신과 당신이 바라는 미래의 모습이 구체적일 때 분명한 동기부여가 이뤄진다. 가령 "5kg을 빼야겠다."고 명확하게 계획을 세우면 당신의 뇌에서는 필요한 자원을 그 문제 해결에 투입하게 된다. 관련 연구들은 이런 불의의 상황에 대한 방어 계획이 있으면 다이어트 목표를 달성하는 데 2, 3배 더 효과가 있다고 얘기하고 있다.

ㄹ **발음**은 유음이라고도 하는데 혀끝을 뒤쪽으로 둥글게 말아서 앞쪽으로 튕기며 내는 발음이다.

- ㄹ발음 연습

라구요 룰루랄라 로라 리마리오

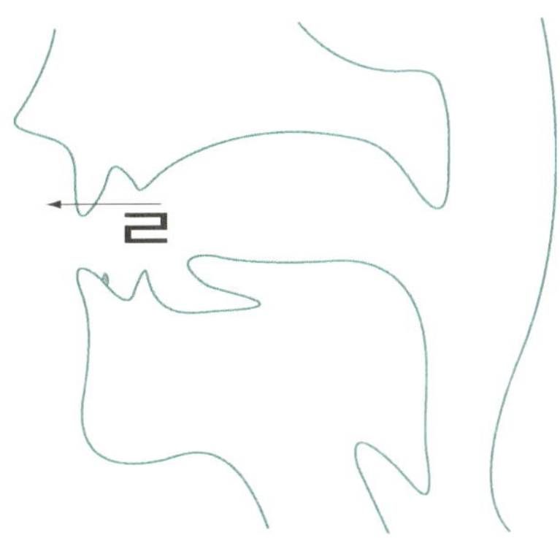

Tip

혓바닥을 윗이빨 뒤쪽 천정위치에 놓고 살짝 혀를 말고 앞으로 튕기면서 소리 냄. 이때 소리의 중심은 앞으로 향함.

다음은 ㄹ 종합훈련이다.

Tip

'ㄹ' 발음은 혀가 입천장 뒤로 말린 상태에서 말린 혀를 앞으로 피며 발음을 해야 한다. 특히 발음을 빨리하면 'ㄹ'을 정확하게 내기 어렵기 때문에 천천히 또박또박 발음하는 것이 중요하다. 또한 '을'이라는 말을 하고 'ㄹ' 발음을 하면 좀 더 수월하게 발음을 할 수 있다.

- 라랴러려로료루류르리
- 라디오는 랄라라라 노래하고, 나는 랄라라라 춤을 춰요.
  추믈
- 라일락 꽃 같은 라이안의 처녀들이 랄라라라 랄라라라
  꼳 가튼 라이아네 드리
  춤을 춥니다.
  추믈 춤니다
- 레크레이션 강사님이 다양한 레크레이션을 준비했습니다.
  강사니미 셔늘 준비해씀니다
- 리어카를 끌고 가시는 할아버지를 보니 도와 드릴 수 밖에
  하라버지 쑤 바께
  없었다.
  업써따

인두강을 활용한 안정감 있는 소리를 내보자.

말을 또박또박 정보 전달에 유의하면서 연습을 해보자.

오늘의 훈련과제 - 정보 전달

중앙아프리카에 수면병이라고 불리는 질병이 있다는 사실을 당신도 알고 있을 것입니다. 영혼에도 수면 병이라는 것이 있습니다. 이 질병이 무서운 이유는 환자 자신이 병에 걸렸다는 사실조차 깨닫지 못하기 때문입니다. 바로 그 때문에 더욱더 조심해야 합니다. 영혼에 대해 약간이라도 무관심해진 징조가 나타난다면, 즉 진지함이나 갈망, 열정, 열의 등이 사라져버린 것을 깨닫게 된다면 그 즉시 당신은 그 사실을 하나의 경고로써 심각하게 받아들여야 합니다. 피상적으로 인생을 살아간다면, 당신의 영혼이 그로 인하여 괴로워 한다는 사실을 깨달아야 하는 것입니다. - 슈바이처

구강과 비강을 활용해 낭랑한 소리를 내보자.

음의 강약과 고저를 활용해서 리드미컬한 스포츠 진행을 해보자.

오늘의 훈련과제 - 스포츠 뉴스

승점 3점이 반드시 필요했던 두 팀의 초반 컨셉은 동일했다. 전방에서부터 강한 압박을 가해 상대가 안정적으로 공격을 전개하지 못하게 만드는 것이었다. 리버풀은 필리페 쿠티뉴가 크리스 스몰링과 안토니오 발렌시아 사이에서, 아담 랄라나가 필존스와 데일리 블린트 사이에서, 다니엘 스터리지가 두 센터백과 마이클 캐릭 사이에서 활발히 움직이며 맨유의 후방 빌드업을 방해했고, 맨유는 상대 센터백을 직접 압박하기보다 마루앙 펠라이니와 안데르 에레라가 조 앨런과 조던 헨더슨을 압박해 안정적으로 패스가 나오지 못하도록 하는 형태를 취했다. 압박 대 압박 승부에서 먼저 승리를 거둔 쪽은 맨유였다. 수비적으로는 펠라이니의 체격과 에레라의 민첩성을 활용한 중원 압박으로 헨더슨과 앨런을 철저히 봉쇄했다.

Day 11

〈11일〉 오늘의 훈련목표

ㅁ, ㅂ 발음훈련

ㅁ 발음은 입술을 다문상태에서 입을 벌리면서 내는 소리이다. 이때 소리의 중심은 코 쪽으로 향하여 소리를 내야 한다.

- ㅁ발음 연습

마멸 메밀 매미 무마 미모

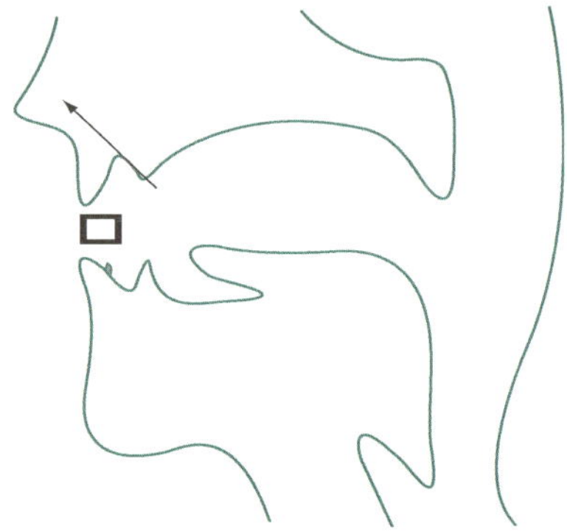

Tip

입술을 다문 상태에서 입을 벌리면서 소리 냄. 이때 소리의 중심은 코쪽으로 향함.

다음은 ㅁ 종합훈련이다.

- 마먀머며모묘무뮤므미
- 마차는 덜컹덜컹 우차는 삐그덕 삐그덕
- 매운 맛을 보고 나니 무척이나 땀이 난다.
  마슬 무처기나 따미

• 미움보다 더 나쁜 것은 모멸감을 심어 주는 것이다.
거슨 가믈 시머 거시다

• 미래를 향해 마음을 다해 준비하는 모습이 아름답다.
마으믈 모스비 답따

Tip

먼저 '마 먀 머 며 모 묘 무 뮤 므 미' 발음을 천천히 한다. 정확하게 입모양을 생각하면서 발음을 해야 한다. 'ㅁ' 발음은 입술을 붙였다가 떼면서 내는 발음이고 소리의 방향이 코를 향한 비음이기 때문에 소리 나는 위치를 생각하면서 정확하게 연습을 해야 한다. 그러고 나서 다음 문장을 천천히 반복적으로 연습을 한다. 자연스럽게 말이 나올 때까지 차분하게 연습을 하자.

• 매미가 맴맴 우는 것을 보니 본격적인 여름이 다가온 것 같다.
거슬 본격쩌긴 여르미 건 갇따

• 마무리를 잘 해야지. 시작도 중요하지만 마침표를 잘 찍어야 해.
시작또 찌거야

• 모서리가 앞에 있으니 조심해. 잘 못해서 다치기라도 하면
아페 이쓰니 모태서

어떡해.

• 무서워서 피하는 것이 아니라 더러워서 피하는 것 뿐이야.
거시 걷 뿌니야

인두강과 구강을 활용한 신뢰감 있는 소리를 내보자.

말을 또박또박 정보 전달에 유의하면서 연습을 해보자.

오늘의 훈련과제 – 정보 전달

낮에 2~3시간씩 자는 것은 오히려 독이 된다. 전문가들은 15분 정도의 낮잠이 가장 효과적이라고 조언한다. 낮에 잠깐 자는 것이 우리 몸을 얼마나 놀랍게 바꾸는 지 알아보자. 한 실험에서 두 집단을 놓고 한 집단은 낮잠을 10분씩, 다른 한 집단은 20분 이상 자게 두었다. 두 집단에 기억력에 관한 인지 시험을 시행한 결과 10분간 낮잠을 청한 집단이 그 이상 잔 집단보다 검사 수치가 더 높게 나왔다. 20분 이상 잔 사람들은 낮잠 후 개운함을 느끼기보다 잠에 취해 더욱 고통스러워했다. 응용생리학회가 발표한 자료에 따르면 낮잠 습관은 혈관계의

부담을 37% 덜어준다. 연구 결과가 순전히 낮잠 때문인지 아니면 자는 자세 때문인지 명확히 알려지진 않았지만 낮잠이 혈관계 부담을 줄여 심장 발작 사망률을 낮춰준다는 내용이다.

ㅂ 발음은 입술을 다문상태에서 입을 마찰해 벌리면서 내는 소리이다. 이때 소리의 중심은 앞 쪽으로 향해야 한다.

• ㅂ발음 연습

부부 보배 불바다 반보 배반

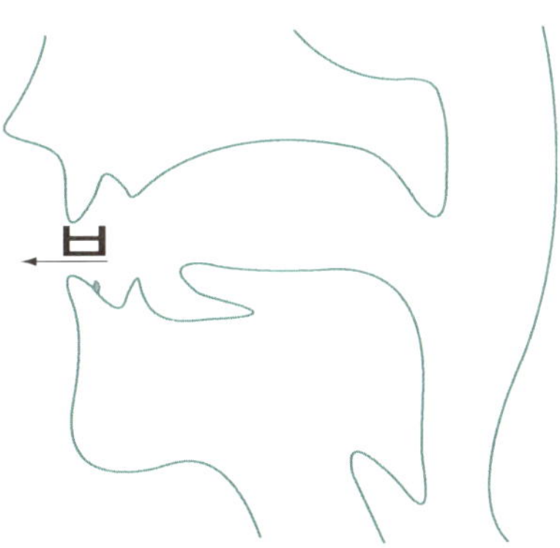

Tip

입술을 다문 상태에서 입을 마찰해 벌리면서 소리 냄. 이때 소리의 중심은 입 앞쪽으로 향함.

다음은 ㅂ 종합훈련이다.

- 바뱌버벼보뵤부뷰브비
- 버스 타고 꼬부랑길을 꼬불 깽깽 꼬불꼬불 뱅뱅 돈다.
- 봄 꿀밤 단 꿀밤, 가을 꿀밤 안단 꿀밤
- 봄비가 내리는 날 바람마저 불어 내 마음이 비루해졌다.
  봄삐가 부러 마으미 져따
- 불장난 하다가 이불에 불이 날뻔해서 허둥지둥 불을 껐다.
  이부레 부리 부를 껃따
- 바르게 산다는 것은 우리가 세상을 바꾸기 위한 바람직한
  거슨 지칸
  자세이다.

Tip

먼저 '바 뱌 버 벼 보 뵤 부 뷰 브 비' 발음을 천천히 한다. 정확하게 입모양을 생각하면서 발음을 해야 한다. 'ㅂ' 발음은 입술을 붙였다 떼면서 내는 입술소리이기 때문에 소리 나는 위치를 생각하면서 정확하게 연습을 해보자. 다양한 문장들을 천천히 해보고 녹음을 해서도 들어보자. 정확한 발음을 냈다면 그다음은 조금 자연스럽게 발음을 해보자.

- 바스락 바스락 소리 나는 낙엽을 밟아 본 적이 있니?
  나겨블 발바 저기 인니
- 부엉이가 부엉부엉 소리를 내며 산 너머로 날아가고 있구나.
  나라 읻꾸나
- 바글바글 모여 있는 사람들은 다들 뭐 하는 사람들일까?
  인는 드른 드릴까
- 비루해진 옷차림을 보니 마음이 짠해서 나도 모르게 돈을
  옫차리믈 마으미 도늘
  쥐어 주었지 모야.
  주얻찌

인두강과 구강을 활용한 신뢰감 있는 소리를 내보자.
띄어 읽기와 함께 정보 전달에 유의하면서 연습을 해보자.

오늘의 훈련과제 – 정보 전달

남극의 바다는 거의 0도에 가까운 추운 바다이다. 염분을 함유한 덕분에 이 온도에서도 얼지 않는 물속에서는 놀랍게도 여러 가지 생명체가 번성하고 있다. 사실 물의 온도가 낮을수록 더 많은 산소가 물속에 녹을 수 있어서 산소는 더 풍부하다. 하지만 이 추운 물속에서 여러 가지 종류의 변온동물이 번성하고 있다는 사실은 정말 의외가 아닐 수 없다. 그리고 이런 동물들 가운데 하나가 남극 문어이다.

쉽게 상상할 수 있는 일은 아니지만, 남극의 바다에는 이곳의 환경에 적응해 사는 남극 문어들이 있다. 이 문어들은 이 지역의 낮은 수온에서 살아남기 위해서 여러 가지 생리적인 특징을 진화시켰다.

Day 12

〈12일〉 오늘의 훈련목표

ㅅ, ㅇ 발음훈련

ㅅ 발음은 치조음이다. 이빨 바로 뒤쪽으로 혀를 붙인 상태에서 이를 벌리면서 혀를 뒤쪽으로 빼면 된다. 이때 소리의 방향은 입 앞쪽을 향하고 있어야 한다.

- ㅅ발음 연습

사심 수산시장 산속 솔선수범

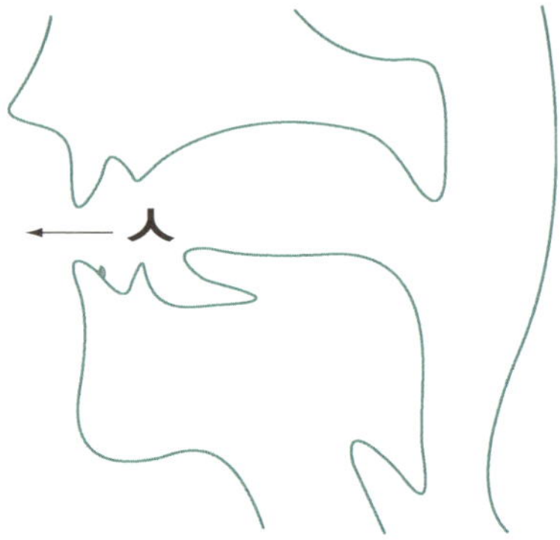

Tip

이빨 바로 뒤쪽으로 혀를 붙인 상태에서 이를 벌리면서 혀를 뒤쪽으로 뺌. 이때 소리의 중심은 입 앞쪽으로 향함.

다음은 ㅅ 종합훈련이다.

- 사샤서셔소쇼수슈스시
- 사람이 사람이면 다 사람이냐 사람이면 사람구실을 해야 사람이지.
  사라미 사라미면 사라미냐 사라미면 구시를 사라미지

- 상표 붙인 큰 깡통은 깐 깡통인가? 안 깐 깡통인가?
  부친
- 새장 속에 흰 꼬리 새는 새 장사를 싫어한다.
  쏘게 시러한다
- 서울특별시 특허 허가 과 허가과장 허 과장
  특뻘시 트커 꽈

Tip

'ㅅ' 발음이 혀가 이빨 뒤쪽에 살짝 닿지 않은 상태에서 뒤로 빼야 한다. 'ㅈ' 발음이 혀가 이빨 뒤쪽에 거의 닿을 듯 하다가 뒤로 빼서 내는 것과 차이를 이룬다. 그리고 혀를 이빨 앞으로 나왔다가 내는 경우에 혀 짧은 소리가 나오기 때문에 그러한 점을 주의해야 한다. 또한 '읃'이라는 말을 하고 'ㅅ' 발음을 하면 좀 더 수월하게 발음을 할 수 있다.

- 손가락질을 하기 전에 <u>스스로를</u> 돌아보고 반성하는 것이 어때?
  손까락찌를 저네 도라 거시
- 소소한 행복을 찾아봐. 때로는 수수하게 사는 것도 나쁘지는 않아.
  행보글 차자봐 걷또 아나

• 시시비비를 가리기 전에 일이 일어난 원인을 찾아 보는 게
저네 이리 이러난 워니늘 차자
나을 것 같아.
껃 가타
• 사골국은 사골을 제대로 우려내야 그 깊은 맛을 느낄 수가
사골꾸근 사고를 기픈 마슬 쑤가
있는 거야.

횡격만을 신경 쓰면서 인두강을 활용한 신뢰감 있는 소리를 내보자. 띄어 읽기와 함께 정보 전달에 유의하면서 연습을 해보자.

오늘의 훈련과제 – 뉴스

영국인 5만 9000여 명을 대상으로 연령과 음주량을 조사한 영국 인터넷의학저널 BMC메디신에 실린 최신 연구에 따르면 남성은 25세에, 여성은 40대 초·중반에 술을 가장 많이 마시는 것으로 나타났다. 남성은 15~25세까지 음주량을 급격히 늘려, 25세가 되면 정점을 찍는다. 여성의 음주량은 나이가 들수록 서서히 많아지다가 40~45세 때 정점에 도달했다. 지난해 대한보건협회 조사에 따르면 1회 폭음(7잔 이상)을 하는 남성의 비만 가능성은 월 1회 미만 음주자의 1.6배, 매일

폭음하는 사람은 2.11배로 폭음 빈도에 따라 비만율이 증가했다. 주 1회 폭음을 하는 여성의 비만 가능성은 월 1회 미만 음주자 보다 1.42배 높고 거의 매일 폭음을 하는 여성의 비만 가능성은 1.11배로 오히려 낮아졌다.

ㅇ 발음은 연구개 발음이다. 연구개의 위치에서 혓바닥을 고정시킨 상태에서 부드럽게 입을 벌리며 소리를 낸다. 이때 소리의 방향은 코 쪽을 향하고 있어야 한다.

• ㅇ발음 연습

아이 오이 예우 여아 음악

Tip

연구개의 위치에서 혓바닥을 고정시킨 상태에서 부드럽게 입을 벌리며 소리 냄. 소리의 중심은 코쪽을 향함.

다음은 ㅇ 종합훈련이다.

- 아야어여오요우유으이
- 아름드리 한아름 꽃을 사 들고 집에 들어갔다.
  하나름 꼬츨 지베 드러갇따
- 아이와 함께 아름다운 우리강산을 둘러보자.
  사늘
- 예의와 인격을 갖추지 못한 사람을 가까이 두지 말아라.
  인껴글 갇추지 모탄 사라믈 마라라
- 우리가 만들어 가는 아름다운 세상을 위해 아이들에게 바른
  만드러 드레게
  원칙을 심어주자.
  원치글 시머

Tip

먼저 '아 야 어 여 오 요 우 유 으 이' 발음을 천천히 한다. 정확하게 입모양을 생각하면서 발음을 해야 한다. 'ㅇ' 발음은 경구개 위치에서 나는 소리이다. 소리 나는 위치를 생각하면서 정확하게 연습을 해보자. 처음에는 천천히 다음에는 조금 천천히 세 번째는 자연스러울 수 있도록 발음 연습을 하자.

- 이리 와서 절 좀 도와주세요. 무거운 물건을 혼자 들을 수가
  물거늘 드를 쑤가
  없어요.
  업써요
- 오지랖 좀 떨지 말고 네 일이나 제대로 해. 왜 남의 일에
  오지랍 쫌 니 이리나 나메 이레
  관심이 많아?
  관시미 마나
- 우정 보다는 멀고 사랑 보다는 가까운 사이네. 좀 더 확실
  확시
  하게 해야겠어.
  라게 게써
- 오순도순 아옹다옹 사는 모습이 인간적인 거야. 너무 완벽
  모스비 저긴
  하려고 하지 마.

횡격막을 신경 쓰면서 인두강과 구강을 활용한 안정감 있는 소리를 내보자.

정보 전달에 유의하면서 또박또박 뉴스를 전달해보자.

오늘의 훈련과제 - 뉴스

최근 먹거리에 대한 '안전' 인식이 높아지면서 유기농 채소에 대한 엄마들의 열망이 높아만 가고 있다. 요즘 엄마들 사이에서 유행하는 것이 바로 우리 아이의 안전한 먹거리를 위해 베란다에서 직접 채소를 길러 먹는 것이다. 특히 요즘 같이 봄 햇살이 따뜻해지면서 베란다에 스티로폼 박스를 들이는 집이 늘어나고 있다. 이처럼 아파트와 주택의 베란다, 옥상을 활용해 친환경 농산물을 자급자족하는 사람들인 '시티파머(City Farmer)'를 쉽게 찾아볼 수 있다. 서울 ○○아파트에 사는 주부 김미선 씨는 1층에 대형 마트가 있어도 자주 이용하지 않는다. 싱싱한 야채를 사기 위해 마트에 가는 일반적인 주부들과 다르다. 이유는 있다. 그는 반찬거리를 베란다에서 주로 해결한다.

Day 13

〈13일〉 오늘의 훈련목표

ㅈ, ㅊ 발음훈련

ㅈ 발음은 경구개 발음이다. 경구개 쪽에서 이를 벌리면서 혀를 뒤쪽으로 뺀다. 이때 소리의 방향은 입 앞쪽을 향하고 있어야 한다.

- ㅈ발음 연습

  자정 저지 준족 진정 주주총회

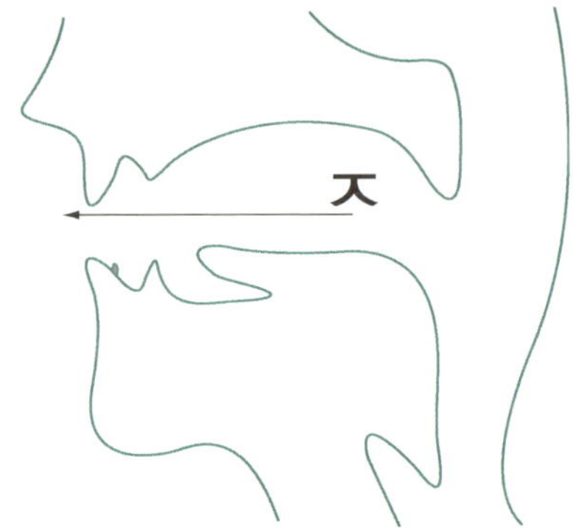

Tip

경구개 쪽의 이를 벌리면서 혀를 뒤쪽으로 뺌. 이때 소리의 중심은 입 앞쪽으로 향함.

다음은 ㅈ 종합훈련이다.

- 자쟈저져조죠주쥬즈지
- 저기 저 콩깍지가 깐 콩깍지냐? 안 깐 콩깍지냐?
  콩깍찌가 콩깍찌냐 콩깍찌냐
- 조달청, 조달청 청사, 조달청 청사 창살, 조달청 창살 쌍 창살
  창쌀 창쌀 창쌀

- 중앙청 창살은 쌍 창살이고 시청의 창살은 외 창살이다.
  창싸른 창싸리고 에 창싸른 창싸리다
- 저러지도 못하고 이러지도 못하는 내 맘 알까?
  모타고 모타는 마 말까

Tip

'ㅈ' 발음은 혀가 이빨 뒤쪽에 거의 닿을 듯하다가 뒤로 빼야 정확히 발음할 수 있다. 'ㅅ' 발음이 혀가 이빨 뒤쪽에 살짝 닿지 않은 상태에서 뒤로 빼야 하는 것과 차이를 이룬다. 또한 '읃'이라는 말을 하고 'ㅈ' 발음을 하면 좀 더 수월하게 발음을 할 수 있다.

- 조삼모사라는 말의 뜻은 아침엔 도토리를 세 개 저녁엔
  마레 뜨슨 아치멘 저녀겐
  네 개를 준다는 얘기야.
- 저기 가는 저 사람 혹시 아는 사람 아니야? 자꾸 힐끗힐끗
  혹씨 힐끄틸끋
  쳐다보는데?
- 주구장창 일을 하는 것 보다는 조금 더 일의 우선순위를
  이를 걷 이레 수뉘

두는 것이 낫지 않아?
거시 낟찌 아나

• 자신이 중요한 만큼 다른 사람도 중요하다는 걸 사람들은
자시니 드른
왜 모를까?

인두강과 구강을 활용한 안정감 있는 소리를 내보자.

정보 전달에 유의하면서 특히, 숫자를 신경 쓰면서 차분히 뉴스를 진행해보자.

오늘의 훈련과제 – 뉴스

바다와 갯벌이 어우러진 전남 여수반도 420km에 이르는 해안선을 연결하는 친환경 힐링길 '여수갯가길'이 개장 2년 만에 남해안을 대표하는 명품 길로 자리매김하고 있다. 23일 여수시와 사단법인 여수갯가에 따르면 지난 2013년 개통된 여수갯가길의 인지도가 갈수록 높아지면서 주말과 휴일 이곳을 찾는 상춘객들의 발길이 줄을 잇고 있다. 여수갯가 길은 총 길이 420km 해안선을 20여 개 코스로 연결하는 것을 목표로 자연상태 원형에 가깝게 조성됐다. 자연을 호흡하면서 걸을 수

있는 길이라는 이유로 다른 지자체의 걷기 길과는 색다른 '힐링 길'이라는 입소문이 퍼지면서 전국 각지의 탐방 문의가 이어지고 있다.

ㅊ **발음**은 경구개 쪽의 이를 벌리면서 혀를 뒤쪽으로 빼고 'ㅈ' 발음에 'ㅎ' 발음을 더해 소리를 내면 된다. 이때 소리의 방향은 입 앞쪽을 향하고 있어야 한다.

- ㅊ발음 연습

차창 천치 춘추 춘하추동

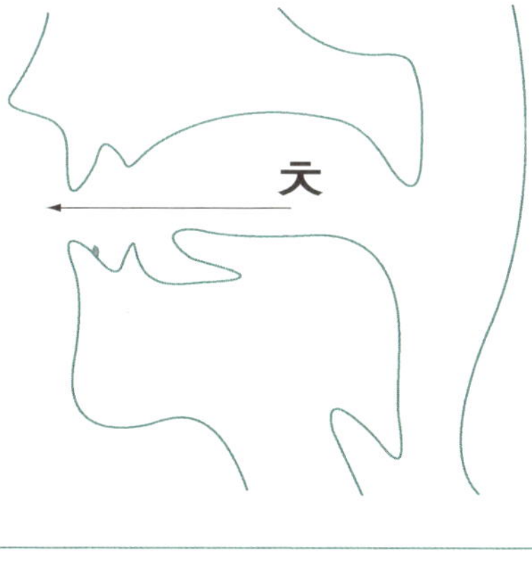

Tip

경구개 쪽의 이를 벌리면서 혀를 뒤쪽으로 빼고 ㅈ발음에 ㅎ을 더해 소리 냄. 이때 소리의 중심은 입 앞쪽으로 향함.

다음은 ㅊ 종합 훈련이다.

Tip

'ㅊ' 발음은 'ㅈ' 발음에 후음인 'ㅎ' 발음을 합하면 된다. 즉, 'ㅈ' 발음을 거칠게 내면 되는 것이다. 먼저 '차 챠 처 쳐 초 쵸 추 츄 츠 치' 발음을 천천히 한다. 정확하게 입모양을 생각하면서 발음을 해야 한다. 발음 하나하나에 후음을 실어서 거칠게 소리를 내보자.

- 차챠처쳐초쵸추츄츠치
- 찹쌀떡 떡방아는 덩더쿵 떡방아, 멥쌀 떡 떡방아는 쿵더쿵 떡방아
  떡빵아 떡빵아 떡빵아 떡빵아
- 철부지가 따로 없네. 철없이 굴지 말고 제발 철 좀 들어라.
  엄네. 처럽씨 드러라

- 창살 없는 감옥이 따로 없네. 참견 좀 하지 말고 내버려둬.
  창쌀 엄는 가모기 엄네
- 처음처럼 우리가 초심을 잃지 않고 철부지처럼 행동하지
  초시믈 일치 안코
  않았으면 해.
  아나쓰면

구강과 비강을 활용해 생동감 있게 시 한편을 낭송해보자. 시의 의미와 운율을 살리고 감정을 담아서 시를 읊어보자.

오늘의 훈련과제 – 시 낭송

나 보기가 역겨워 가실 때에는
말없이 고이 보내 드리오리다.
영변에 약산 진달래꽃
아름 따다 가실 길에 뿌리오리다.
가시는 걸음 걸음 놓인 그 꽃을
사뿐히 즈려 밟고 가시옵소서.
나 보기가 역겨워 가실 때에는
죽어도 아니 눈물 흘리오리다.

– 김소월 시인의 '진달래 꽃'

인두강과 구강을 활용한 신뢰감 있는 소리를 내보자.

띄어 읽기와 함께 정확한 정보 전달에 유의하면서 뉴스를 진행해보자.

오늘의 훈련과제 - 뉴스

혼잡 논란이 거세지기 시작한 때는 시운전에 들어간 지난 1월 31일이었다. 시운전으로 인해 지하철 운행횟수가 60회 감소했는데 승객은 하루 평균 2748명이 늘었다. 자연스레 극심한 혼잡이 빚어졌다. 특히 개화~신논현역 구간은 하루 승객의 25.1%가 출근시간대에 몰려 혼잡도가 최고 240%까지 치솟았다. 혼잡도 240%는 전동차 1량에 380명이 탑승하는 정도를 나타낸다. 적정 승차인원은 혼잡도 100%를 기준으로 160명이다. 시에 따르면 신설된 8663번 급행버스는 19일 기준 620여 명의 9호선 이용객을 분산하는데 그쳤다. '유연근무제'를 도입하겠다는 기업 역시 아직 서너 곳에 불과한 것으로 알려졌다.

Day 14

〈14일〉 오늘의 훈련목표

ㅋ, ㅌ, ㅍ, ㅎ 발음훈련

ㅋ 발음은 연구개의 위치에서 혓바닥을 고정시킨 상태에서 'ㄱ' 발음에 'ㅎ' 발음을 더해 소리를 내면 된다. 이때 소리의 방향은 입 앞쪽을 향한다.

- ㅋ발음 연습

  쿠키 코코넛 키다리 코끼리 카카오

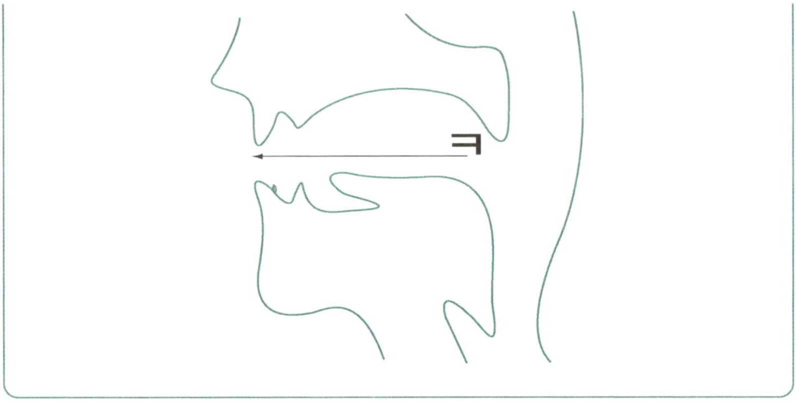

Tip

연구개의 위치에서 혓바닥을 고정시킨 상태에서 ㄱ발음에 ㅎ을 더해 소리 냄. 소리의 중심은 입 앞쪽을 향함.

Tip

'ㅋ' 발음은 'ㄱ' 발음에 후음인 'ㅎ' 발음을 합하면 된다. 즉, 'ㄱ' 발음을 거칠게 내면 되는 것이다. 먼저 '카 캬 커 켜 코 쿄 쿠 큐 크 키' 발음을 천천히 한다. 정확하게 입모양을 생각하면서 발음을 해야 한다. 발음을 정확하게 내는 연습을 해보자.

다음은 ㅋ 종합훈련이다.

- 카캬커켜코쿄쿠큐크키
- 키가 큰 코끼리가 쿨쿨 코를 골며 자고 있는데 쿵쿵쿵 큰
인는데
소리를 내며 코뿔소가 키 작은 코알라에게 다가갔어요.
코뿔쏘 자근 가써요
키 작은 코알라는 콩콩콩 가슴이 뛰었지요.
자근 가스미 뛰얻찌요
- 카랑카랑한 목소리로 '칼 갈아요~'라고 외치던 코가 큰 아저씨
목쏘리 가라요
가 기억나.
기엉나

횡격막을 활용해서 울림이 있는 소리를 내보자.

실제 배우처럼 대사에 감정을 싫어서 연극을 하듯이 연습을 해보자.

오늘의 훈련과제 – 연극 연기

그건 저의 자랑이에요. 오늘 아침은 한 마리 새가 잠을 깨웠어요. 종달샐까? 아니 그와 비슷한 새였을 거야. 전혀 들어보지 못했던 이상한 새였어요. 전 '안녕'하고 불렀죠. 그랬더니 훌쩍 날아가 버리고 말았어요. 멀리 날아가 버렸어요. 제가 '안녕'하

고 부르자마자 말입니다. 참 신기한 일이죠? 그래서 제가 뭐했는지 아세요? 거울 앞에 앉아서 이백 번이나 머리를 빗었어요. 한번도 쉬지 않고서요. 머리를 빗고 있으려니까 제 머리카락이 그만 황금빛으로 변하지 않겠어요! 정말이에요! 황금빛이었어요! 그런데 이내 빨개졌군요. 그리고 햇빛을 받자마자 푸르디푸른빛으로 변했어요. 제가 열여섯 살이 되자 뭔가 저에게 변화가 일어났어요.

인두강과 구강을 활용한 신뢰감 있는 소리를 내보자.

띄어 읽기와 함께 정확한 정보의 전달에 유의하면서 오늘의 운세를 말해보자.

오늘의 훈련과제 – 운세

진심을 담아서 나를 표현하라. 67년생 가장 큰 선물은 상대를 아끼는 말 한 마디, 79년생 벌써부터 만남에서 권태를 느끼고 있다. 이대로 마음을 잡지 못하면 돌이킬 수 없는 파국으로 치달을 수 있다. 91년생 처음 인연을 소중하게 생각하라. 익숙해지면 신비감은 반감되지만 서로가 편안해지는 장점이 있다. 재물 운 의외의 상황에 당황스럽다. 67년생 자신의 의지대로 밀고 나가려면 미리 생각을 함께하는 동지를 모으는 것이 한 방법, 79년생 손해 보는 일인 줄 알면서도 고집을 부린다면 우매하게 보이는 것뿐만 아니라 후회할 일이 생긴다. 90년생은 남쪽으로 가면 행운이 있을 것이다.

ㅌ 발음은 치조음이다. 이빨 사이에 혀를 살짝 앞으로 내밀다가 혓바닥을 뒤로 빼면서 'ㄷ' 발음에 'ㅎ' 발음을 더해 소리를 내면 된다. 이때 소리의 방향은 입 앞쪽을 향해야 한다.

- ㅌ발음 연습

타자 트집 투구 토로 탬버린

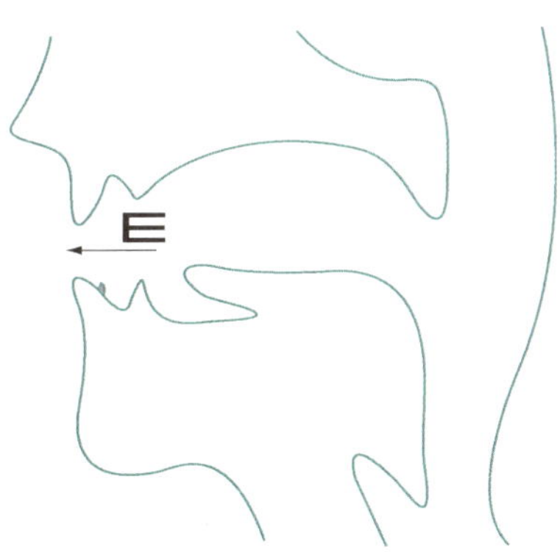

Tip

이빨 사이에 혀를 살짝 앞으로 내밀다가 혓바닥을 뒤로 빼면서 ㄷ발음에 ㅎ을 더해 소리 냄. 이때 소리의 중심은 입 앞쪽으로 향함.

Tip

'ㅌ' 발음은 'ㄷ' 발음에 후음인 'ㅎ' 발음을 합하면 된다. 즉, 'ㄷ' 발음을 거칠게 내면 되는 것이다. 먼저 '타 탸 터 텨 토 툐 투 튜 트 티' 발음을 천천히 한다. 정확하게 입모양을 생각하면서 발음을 해야 한다. 처음에는 정확히 그리고 점점 자연스럽게 내도록 연습하자.

다음은 ㅌ 종합훈련이다.

- 타탸터텨토툐투튜트티
- 탱글탱글 오렌지를 톡 터뜨리면 새콤달콤 오렌지 주스가 되지요.
  주쓰가
- 툴툴거리지 말고 털털하게 생각하고 투덜거리지 좀 마.
  털터라게 생가카고
- 텔레비전에서 탤런트를 보는 재미로 토요일을 보낸다.
  저네서 이를
- 토라진 상태에 타박까지 더해져 마음에 큰 타격을 입었어.
  으메 겨글 이버써

구강과 비강을 활용해 생동감 있게 시 한편을 낭송해보자. 시의 의미와 운율을 살리고 감정을 담아서 시를 읊어보자.

오늘의 훈련과제 – 시 낭송

꽃이 피네. 갈 봄 여름 없이 꽃이 피네.
산에 산에 피는 꽃은
저만치 혼자서 피어 있네.
산에서 우는 작은 새여.
꽃이 좋아 산에서 사노라네.
산에는 꽃이 지네. 꽃이 지네.
갈 봄 여름 없이 꽃이 지네.

– 김소월 '산유화' 중에서

인두강과 구강을 활용한 안정감 있는 소리를 내보자.

정보 전달에 유의하면서 특히, 숫자를 신경 쓰면서 차분히 뉴스를 진행해보자.

오늘의 훈련과제 – 뉴스

취업포털 커리어는 구직자 484명을 대상으로 '대학 전공이 취업에 도움이 되는가'에 대한 설문조사를 실시했다. '전공과 관련된 직무에 입사지원 중인가'라는 물음에 구직자의 59.09%가 '그렇지 않다'라고 답했다. 이어 '전공과 무관한 직무에 지원하는 이유는 무엇인가'라는 질문에 24.32%가 '하고 싶은 일과 전공이 일치하지 않아서'라고 답했으며, '전공을 활용할 수 있는 분야가 별로 없어서'(21.62%), '전공 관련 채용이 거의 없어서'(18.92%), '전공에 소질이 없다고 판단하여 일찌감치 포기해서'(16.22%), '전공계열의 취업률이 낮아서'(13.51%), '전공이 현실과는 동떨어진 내용을 다루고 있어서'(5.40%)라는 응답이 이어졌다.

ㅍ 발음은 입술을 다문 상태에서 입을 마찰해 벌리면서 'ㅂ' 발음에 'ㅎ' 발음을 더해 소리를 내는 방식이다. 이때 소리의 중심은 앞을 향하고 있어야 한다.

- ㅍ발음 연습

파닥파닥 폼생폼사 팔랑팔랑 피폐

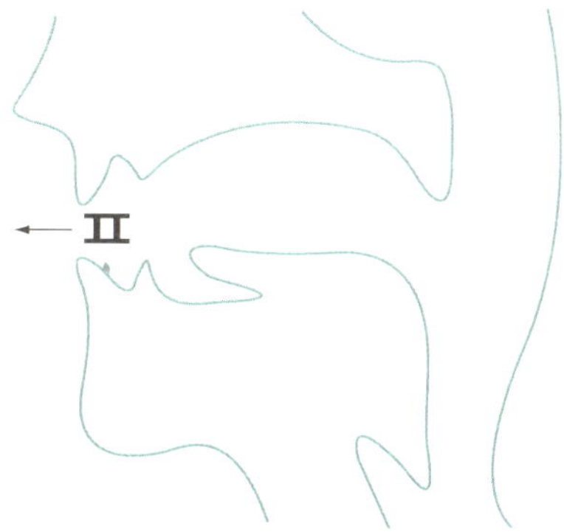

Tip

입술을 다문 상태에서 입을 마찰해 벌리면서 ㅂ발음에 ㅎ을 더해 소리 냄. 이때 소리의 중심은 입 앞쪽으로 향함.

Tip

'ㅍ' 발음은 'ㅂ' 발음에 후음인 'ㅎ' 발음을 합하면 된다. 즉, 'ㅂ' 발음을 거칠게 내면 되는 것이다. 먼저 '파 퍄 퍼 펴 포 표 푸 퓨 프 피' 발음을 천천히 한다. 정확하게 입모양을 생각하면서 발음을 해야 한다. 발음을 빨리 하기보다는 정확하게 낼 수 있도록 하자.

다음은 ㅍ 종합훈련이다.

- 파퍄퍼펴포표푸퓨프피

- 포도밭에서 먹는 포도는 포도향기가 퐁퐁 풍기고 포장마차에서
  포도바테서 멍는

  먹는 파전은 파 냄새가 팡팡 풍긴다.
  멍는 파저는

- 패한 것만 생각하면 피가 거꾸로 솟는 것 같은 정신적
  건만 생가카면 꺼꾸로 손는 걷 가튼

  피로를 느껴.

- 포효하는 파도처럼 팔팔 거리는 내 열정을 포기할 수 없어.
  열쩡을 쑤 업써

횡격막을 활용해서 울림이 있는 소리를 내보자.

실제 주인공처럼 대사에 답답한 감정을 싫어서 연극을 하듯이 연습을 해보자.

오늘의 훈련과제 – 연극 연기

제 말 좀 들으세요. 난 아침마다 그곳으로 출근하는 게 넌덜머리가 나요. 차라리 누군가 쇠망치로 내 골통을 박살내주면 속이 후련하겠어요. 하지만 난 출근을 하죠. 매일 아침 어머니가 내방에 와서 '일어나서 세수해라. 일어나서 세수해' 소리칠

때마다 난 혼잣말로 '죽은 사람은 얼마나 행복할까'라고 말해요. 그렇지만 난 자리에서 일어나 출근을 합니다. 한 달에 65달러를 벌기 위해서 내가 원하는 모든 꿈들을 포기하면서. 그런데도 어머닌 내가 나 자신밖에 모르는 애라구요. 저 좀 보세요. 나 자신만을 생각한다면 난 벌써 아버지가 계신 곳에 가 있을 거예요. 닥치는 대로 아무거나 잡아타고 말이에요. 이젠 절 붙잡지 마세요.

–테네시 윌리엄스 작 '유리동물원' 중에서 톰

인두강과 구강을 활용한 신뢰감 있는 소리를 내보자.

띄어 읽기와 함께 정보 전달에 유의하면서 연습을 해보자.

오늘의 훈련과제 – 정보 전달

비타민D 보충제가 경증 형 전립선 암의 진행을 지연시키거나 정지시킬 수 있다는 연구결과가 나왔다. 미국 사우스캐롤라이나 대학 의과대학의 브루스 홀리스 박사가 경증형 전립선 암 환자 37명을 대상으로 진행한 임상시험 결과 이 같은 사실이 밝혀졌다고 헬스데이 뉴스가 23일 보도했다. 경증 형 전립선 암은 공격적인 전립선 암과는 달리 진행이 워낙 느리기 때문에 치료 없이 지켜만 보도록 의사들은 권고하는 경우가 많다.

그러나 이를 참지 못하고 수술을 택하는 환자들도 있다. 홀리스 박사는 수술을 택한 경증형 환자인 이들을 두 그룹으로 나눠 수술 전 60일 동안 비타민D 보충제 4천IU(국제단위) 또는 위약을 각각 먹게 하고 수술 후 절제된 종양의 상태를 비교 분석했다.

ㅎ 발음은 입을 벌린 상태에서 목 뒤쪽에서 거칠게 호흡 소리를 내는 방식이다. 이때 소리의 중심은 입 앞쪽을 향하고 있어야 한다.

- ㅎ발음 연습

할아버지 허름하다 훌륭하다 훈방

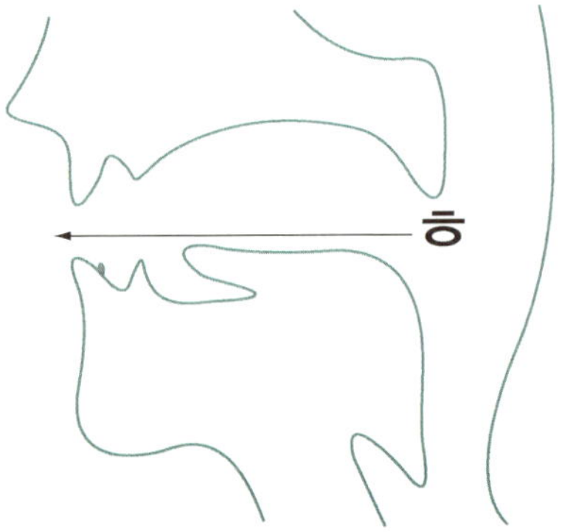

Tip

입을 벌린 상태에서 목 뒤쪽에서 거칠게 호흡 소리 냄. 이때 소리의 중심은 입 앞쪽으로 향함.

Tip

먼저 '하 햐 허 혀 호 효 후 휴 흐 히' 발음을 천천히 한다. 목 뒤쪽에서 소리를 내야 정확한 발음을 할 수 있다. 자연스러워질 때까지 천천히 연습을 해보자.

다음은 ㅎ 종합훈련이다.

- 하햐허혀호효후휴흐히
- 하늘의 하얀 구름은 요술쟁이인가 봐. 하마도 되고 호랑이도
  하느레 구르믄
  되고 해님도 하하하 웃고 있네요.
  핸님 욷꼬 인네요
- 한양 양장점 옆에 한영 양장점, 한영 양장점 옆에 한양 양장점
  여페 여페
- 항만청, 항만청 청사, 항만청 청사 쇠창살이
  사리

인두강과 구강을 활용한 안정감 있는 소리를 내보자.

띄어 읽기와 함께 말의 의미를 되새기면서 명언을 읽어 보자.

오늘의 훈련과제 – 명언

나는 일을 어중간하게 하는 것을 싫어한다. 그것이 옳으면 대담하게 하여라. 그것이 그르면 하지 말고 버려라. 이상을 가지고 산다는 것은 성공적인 삶이다. 사람을 강하게 만드는 것은 사람이 하는 일이 아니라, 하고자 노력하는 것이다.

– 어니스트 헤밍웨이

쉴 새 없이 보다 나은 사람이 되기 위해 노력하자. 여기에 인생의 참된 의미가 포함되어 있다. 어떻게 계속해서 앞으로만 나아갈 것인가. 그것은 오직 노력에 의해서 가능하다. 노력 없이는 결코 나은 사람이 될 수 없다. 신의 왕국은 노력에 의하여 파악된다. 이것은 결국 악으로부터 벗어나 선인이 되기 위하여 노력이 필요하다는 것을 의미한다. – 톨스토이

인두강과 구강을 활용한 안정감 있는 소리를 내보자.

정보 전달에 유의하면서 년도와 숫자를 신경 쓰면서 정확하게 뉴스를 진행해보자.

오늘의 훈련과제 - 뉴스

전 세계적으로 물 부족을 심각하게 겪고 있는 가운데 1992년 리우회의를 계기로 유엔이 제정한 날이다. 우리나라도 1995년부터 세계 물의 날을 기념하고 있으며 올해로 20주년을 맞은 해이기도 했다. 세계 물을 날을 계기로 우리나라의 물 상황은 어떠하며, 우리 국민들은 어떻게 사용하고 있을까? 우리나라는 2012년 OECD가 발간한 '2050년 환경전망 보고서'에서 물 부족 국가로 평가된 바 있다. 총 강수량은 많지만 인구밀도가 높기 때문에 1인당 연간 강수량은 세계 평균의 6분의 1에 불과하다. 또 인구 증가와 산업의 발달로 물 수요는 계속 증가하고 있지만 수자원은 한정되어 있는 상황이다. 상수도통계에 따르면 우리나라는 1인당 하루 282L를 사용한 것으로 나타났다.

Day 15

〈15일〉 오늘의 훈련목표

발음 연습표 훈련

다음은 발음 종합연습표이다.

'ㄱ'부터 'ㅎ'까지의 발음을 하나하나 반복적으로 연습해야 자기 것으로 만들 수가 있다. 이때 소리의 위치와 입 모양을 생각하면서 정확히 말을 하는 것이 중요하다. 무조건적인 연습보다는 정확한 방법으로 연습을 하는 것이 훨씬 효율적이다.

또한, 처음에는 천천히 발음을 해야 한다. 처음부터 빠르고 자연스럽게 연습을 하다보면 나중에는 그러한 패턴에 익숙해져 정확한 발음을 놓치게 된다.

따라서 처음에는 조금 어색하더라도 느리고 정확하게 연습을 하려는 노력을 해야 한다. 그리고 자신의 발음을 녹음해서 들어보고 어색한 부분을 체크해야 하고 주위에 친한 사람이 있으면 객관적으로 점검을 받는 것도 좋은 방법 중의 하나이다.

- 가갸거겨고교구규그기
- 나냐너녀노뇨누뉴느니
- 다댜더뎌도됴두듀드디
- 라랴러려로료루류르리
- 마먀머며모묘무뮤므미
- 바뱌버벼보뵤부뷰브비
- 사샤서셔소쇼수슈스시
- 아야어여오요우유으이
- 자쟈저져조죠주쥬즈지
- 차챠처쳐초쵸추츄츠치
- 카캬커켜코쿄쿠큐크키
- 타탸터텨토툐투튜트티
- 파퍄퍼펴포표푸퓨프피
- 하햐허혀호효후휴흐히

Tip

처음에는 아주 천천히 정확하게 발음한다. 그리고 녹음해서 들어보고 안 되는 부분을 다시 5번씩 정확히 발음해 보고 또 녹음해서 들어본다. 그다음은 조금 천천히 그리고 천천히, 자연스럽게 발음을 연습한다. 특히 'ㄹ', 'ㅅ', 'ㅈ' 발음을 혀의 위치를 생각하며 중점적으로 훈련한다.

3주차

모음 종합훈련

〈3주차 목표〉

1. 발음 종합훈련
2. 모음훈련
3. 매일훈련(호흡, 발성, 공명)

Day 16

〈16일〉 오늘의 훈련목표

발음 종합훈련 1

벌써 한 달 중에 보름이 흘렀다. 어느 정도 성과가 있는지는 스스로에게 자문하면 될 것 같다. 그동안 연습일지에 꾸준히 체크하면서 매일훈련 30분씩 연습과 더불어 그 날의 과제를 충실히 행했다면 벌써 어느 정도 효과는 나타나기 시작할 것이다.

자, 이제 나머지 보름이다. 다시 마음을 잡고 충실히 연습을 해보자. 즐겁게 긍정적으로…

아래의 그림은 발음연습표이다. 'ㄱ'부터 'ㄷ'까지의 발음 종합훈련이다.

정확한 소리와 입모양으로 연습을 하는 것이 중요하다.

Tip

말을 빨리하는 것은 전혀 도움이 되지 않는다. 정확하게 천천히 내는 것이 발음연습에 도움이 된다. 또한, 자신의 소리를 반드시 녹음해서 들어봐야 한다. 어느 부분이 이상한지를 스스로 점검하고 다시 연습하며 정확한 발음을 내는 훈련을 해야 한다.

- 경찰청 쇠창살 외 철창살, 검찰청 쇠창살 쌍 철창살
- 김서방네 지붕 위에 콩깍지가 깐 콩깍지냐 안 깐 콩깍지이냐?
- 깊은 산속 부엉이는 부엉부엉 하고 깊은 계곡 꾀꼬리는 꾀꼴 꾀꼴
- 깐 콩깍지나 안 깐 콩깍지나 콩깍지는 다 콩깍지인데
- 꿀꿀이네 멍멍이는 꿀꿀꿀 하고 멍멍이네 꿀꿀이는 멍멍멍 하네
- 내가 그린 그림은 구름그림이다.
- 눈이 오는데 눈에서 물이 흐르니 이게 눈물인가 눈물인가?
- 니 붕어 알이 크냐 내 붕어 알이 크냐.
- 다람 다람 다람쥐 알밤 줍는 다람쥐 보름 달밤에 알밤 줍는 다람쥐

- 다우네 외가는 외 중에 있고, 다우네 외숙모는 윗마을에 있다.
- 담임 선생님의 담당과목은 도덕 담당이고 담임 닮은 담임 선생님의 담당
- 단골집 담 큰 주인은 닭장에서 닭 모이를 주는 게 그의 취미이다.
- 대한관광, 대한관광공사, 대한관광공사 공무원

Day 17

〈17일〉 오늘의 훈련목표

발음 종합훈련 2

아래의 그림은 'ㄷ'부터 'ㅅ'까지의 발음연습 표이다.

Tip

특히, 'ㄹ' 발음을 할 때 유의해야 한다. 정확히 혀를 입천장 위쪽으로 말아서 앞으로 혀를 빼며 발음을 해야 정확한 'ㄹ' 발음을 할 수 있다. 'ㅅ' 발음도 주의해야 할 부분이다 . 혀를 이빨 뒤쪽에 거의 닿을 듯이 위치를 해놓고 혀를 뒤쪽으로 빼면서 발음을 해야 정확한 소리를 낼 수 있다. 발음을 빨리하지 말고 천천히 정확히 하는 연습을 해보자.

- 두리 뭉실 두리 뭉실 감자 같은 내 엉덩이
- 들의 콩깍지는 깐 콩깍지인가 안 깐 콩깍지인가?
- 똘똘이네 똑똑이는 똘똘하고 똑똑이네 똘똘이는 똑똑하다
- 뜰에 콩깍지 깐 콩깍지인가 안 깐 콩깍지인가?
- 라디오는 랄라라라 노래하고, 나는 랄라라라 춤을 춰요.
- 라일락 꽃 같은 라이안의 처녀들이 랄라라라 랄라라라 춤을 춥니다.
- 마차는 덜컹덜컹 우차는 삐그덕 삐그덕
- 버스 타고 꼬부랑길을 꼬불 깽깽 꼬불꼬불 뱅뱅 돈다.
- 봄 꿀밤 단 꿀밤, 가을 꿀밤 안단 꿀밤
- 사람이 사람이면 다 사람이냐 사람이면 사람구실을 해야 사람이지
- 상표 붙인 큰 깡통은 깐 깡통인가? 안 깐 깡통인가?
- 새장 속에 흰 꼬리 새는 새 장사를 싫어한다.
- 서울특별시 특허 허가 과 허가과장 허 과장

Day 18

〈18일〉 오늘의 훈련목표

발음 종합훈련 3

아래의 그림은 'ㅈ'부터 'ㅎ'까지의 발음연습 표이다.
정확한 발음으로 연습을 해 보자.

Tip

특히, 'ㅈ' 발음을 할 때 더욱 정확한 발음에 유의해야 한다. 정확히 혀를 이빨 뒤쪽에 거의 닿을 듯이 위치를 해놓고 혀를 뒤쪽으로 빼면서 살짝 아래쪽을 향해야 정확한 발음을 낼 수 있다. 'ㅅ' 발음과 'ㅈ' 발음은 앞에 '읃'이라는 발음을 하고 나서 소리를 내면 조금 더 정확한 발음을 할 수 있다.

- 저기 저 콩깍지가 깐 콩깍지냐? 안 깐 콩깍지냐?
- 조달청, 조달청 청사, 조달청 청사 창살, 조달청 창살 쌍 창살
- 중앙청 창살은 쌍 창살이고 시청의 창살은 외 창살이다.
- 찹쌀떡 떡방아는 덩더쿵 떡방아, 멥쌀 떡 떡방아는 쿵더쿵 떡방아
- 키가 큰 코끼리가 쿨쿨 코를 골며 자고 있는데 쿵쿵쿵 큰 소리를 내며 코뿔소가 키 작은 코알라에게 다가갔어요. 키 작은 코알라는 콩콩콩 가슴이 뛰었지요.
- 탱글탱글 오렌지를 톡 터뜨리면 새콤달콤 오렌지 주스가 되지요.
- 포도밭에서 먹는 포도는 포도향기가 퐁퐁 풍기고 포장마차에서 먹는 파전은 파 냄새가 팡팡 풍긴다.
- 하늘의 하얀 구름은 요술쟁이인가 봐, 하마도 되고 호랑이도 되고 해님도 하하하 웃고 있네요.
- 한양 양장점 옆에서 한영 양장점, 한영 양장점 옆에 한양 양장점
- 항만청, 항만청 청사, 항만청 청사 쇠창살이

자음 연습이 끝났다. 자신의 부족한 부분을 녹음을 하며 점검하고 수정해야 한다. 또한, 발음연습에 앞서 매일훈련을 게을리 하면 안 된다. 매일 연습보다 중요한 것은 없기 때문에 꾸준히 지속적으로

하는 것이 중요하다. 또한, 신문이나 뉴스를 따라하면서 정확한 소리와 발음을 체득해야 한다.

어떤 날은 많은 연습을 그리고 어떤 날은 내키는 대로 연습을 하는 것은 무의미하다. 마치, 운동을 하는 것처럼 시간 조절을 하면서 규칙적으로 정확하게 해야 효율적인 결과를 얻을 수 있다는 것을 유념해야 한다.

Day 19

〈19일〉 오늘의 훈련목표

ㅏ, ㅑ, ㅓ, ㅕ 모음훈련

이제부터는 모음 연습시간이다. 자음이 소리를 결정한다면 모음은 입모양을 잡아준다.

입모양을 정확히 벌려야 바른 모음을 발음할 수 있다. 특히, 위아래로 입을 벌려주는 연습을 해야 한다. 양 옆으로는 우리가 습관적으로 잘 벌리지만 위아래로는 잘 벌리지 않고 발음하는 경향이 많기 때문에 그러한 점을 유의해서 발음해야 한다.

- 입모양에 따라 모음이 달라진다

1. **단모음**(ㅏ,ㅓ,ㅗ,ㅜ,ㅡ,ㅐ,ㅔ,ㅟ,ㅚ)
2. 이중모음=**반모음**(ㅣ,ㅗ,ㅜ,ㅡ)
+**단모음**(ㅏ,ㅓ,ㅗ,ㅜ,ㅏ,ㅐ,ㅔ)
3. **이중모음**(ㅑ,ㅕ,ㅛ,ㅠ,ㅖ,ㅒ,ㅘ,ㅙ,ㅝ,ㅞ,ㅢ)

모음은 '단모음', '이중모음'으로 나뉘어져 있다. 단모음은 말 그대로 하나의 모음으로 완성하는 모음을 말하고 이중모음은 '반모음'과 '단모음'의 형태로 구성하는 것을 말한다. 예를 들어, 'ㅑ' 라는 모음은 'ㅣ' 모음과 'ㅏ' 모음의 결합이라 할 수 있다. 이때 'ㅣ' 모음을 반모음이라 한다.

특히, 이중모음을 발음할 때는 반모음을 먼저 정확히 하고 나서 단모음을 발음해야 정확한 소리를 낼 수가 있음을 명심해야 한다.

'ㅏ' 모음은 입을 아래위로 적당히 벌린 상태에서 혀를 내려서 소리를 낸다.

- '아' 발음 연습

깜깜하다 날다 달다 말랑말랑

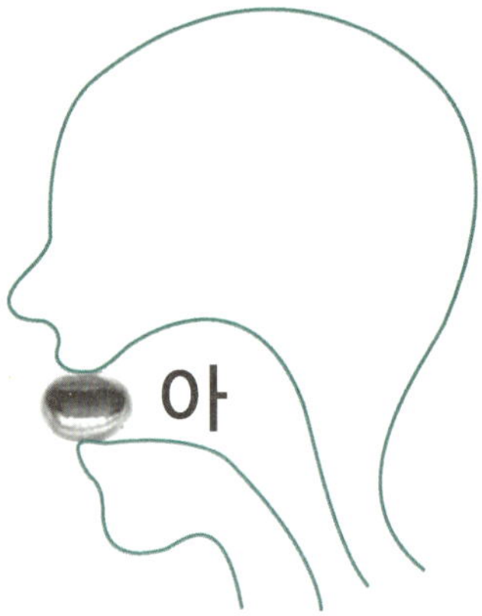

Tip

입을 아래위로 적당히 벌린 상태에서 혀를 내림

다음은 'ㅏ' 모음 종합훈련이다.

- 사람 사는 게 다 마찬가지지.
- 하나만 알면서 마치 많은 것을 아는 듯이 말하지 마.
  마는 거슬 드시
- 하루가 멀다 하고 사람들이 빨리 빨리 변하는 것 같아.
  드리 가타
- 아기가 마당에서 아장아장 걷고 있네.
  걷꼬 인네

- 한바탕 바람을 쐬고 오니 기분이 한결 나아졌다.
  바라믈 기부니 젿따

Tip

'ㅏ' 모음을 발음할 때는 거의 입을 중간 정도로 벌린 원형에 가까운 입모양을 한다고 생각해야 한다. 입에 힘을 빼고 살짝 위아래로 입을 벌리면 정확한 'ㅏ' 발음을 낼 수 있다. 그다음은 문장을 천천히 그리고 정확하게 소리나는 대로 읽어본다.

- 아쉬운 걸 남기는 것 보나는 신중하게 생각하는 것이 낫지
  걷 뽀다는 생가카는 거시 낟찌
  않을까?
  아늘까
- 아닌 것 같을 때는 재빠르게 단념하는 것도 나쁘지는 않을
  걷 가틀 걷또 아늘
  것 같아.
  껃 가타
- 아지랑이가 피는 것을 보니 봄이 성큼 다가오고 있는 것이
  거슬 보미 인는 거시
  느껴지네.

• 할아버지와 할머니께서 오순도순 살아가는 모습이 행복해
하라 사라 모스비 행보캐
보여.

인두강과 구강을 활용한 안정감 있는 소리를 내보자.
띄어 읽기와 함께 정확한 정보를 전달하는데 주력 해보자.

오늘의 훈련과제 – 정보

호주 가반의학 연구소 연구팀이 시원한 실내온도가 건강한 지방인 '갈색지방'을 생성한다는 사실을 발견했다. 갈색지방은 내장비만의 원인이 되는 흰색지방과는 달리 다량의 열을 생성해 체온을 유지시키는 긍정적인 기능을 한다. 연구팀에 따르면 낮은 기온이 갈색지방의 생성을 촉발시키고, 반대로 기온이 올라가면 갈색지방의 손실이 발생한다. 앞서 선행연구에 따르면 갈색지방은 열을 생성시켜 체내 에너지 소모를 증가시킨다. 즉, 갈색지방이 늘어나는 만큼 비만이나 당뇨의 위험률이 낮아진다는 것이다.

'ㅑ' **모음**은 'ㅣ' 모음에 'ㅏ' 모음을 합친 것이다. 이빨이 닿은 상태에서 '이'발음을 하고 나서 '아'발음을 해야 한다.

- '야' 발음 연습

  샤방샤방 야야야 갸갸갸

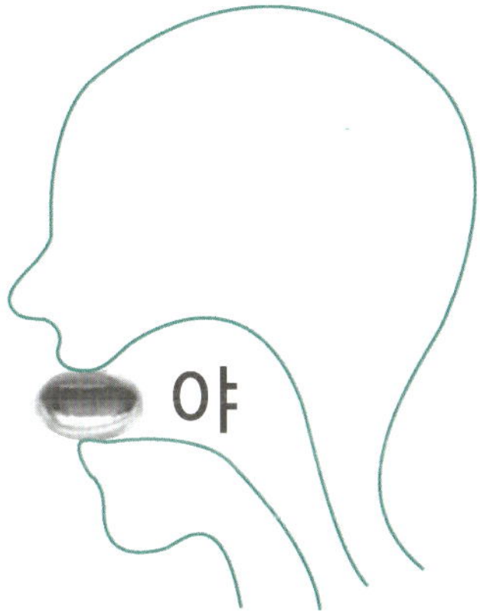

Tip

ㅣ+ㅏ발음, 위아래 이빨이 닿은 상태에서 '이' 발음을 하고 나서 '아' 발음을 함

다음은 'ㅑ' 모음 종합훈련이다.

Tip

'ㅣ' 모음에 'ㅏ' 모음을 해야 정확한 'ㅑ' 발음을 낼 수 있다. 아래 문장을 정확하게 읽어 보자. 조금 익숙해 졌을 때 자연스럽게 발음을 내도록 연습 해본다. 처음부터 빠르게 발음을 하는 것은 발음연습에 방해가 될 수 있음을 주의해야 한다.

- 운동장에서 '야호'하는 것보다 산에 올라가 '야호'하는 게 낫지.
  걷뽀다 사네 낟찌
- '야'라고 부르지 말고 이름을 불러주세요.
  이르믈
- 캬아. 정말 신기한 것만 가득 있네.
  건만 인네
- 햐아. 살다 살다 이런 광경은 처음 본다.
- 야구 보러 갈래? 야구 보면서 신나게 소리도 질러보자.

인두강과 구강을 활용한 안정감 있는 소리를 내보자.

띄어 읽기와 함께 말의 의미를 되새기면서 명언을 읽어 보자.

오늘의 훈련과제 – 명언

아무리 높다 하더라도 인간이 도달할 수 없는 곳은 없다. 믿음과 자신감, 근면을 가지고 이를 행하지 않으면 안 된다. 갈 길이 멀다고만 하지 말자. 목표가 너무 높다고만 하지 말자. 노력으로 한발 한발 다가가자. 근면으로 차근차근 올라가자. 자신감을 가지고 조금씩 성취해 나가자. – 안데르손

도대체 사람들이 무슨 일을 도모하고 있는가 주위를 돌아보아라. 사람들은 가장 소중하고 불요불급한 것만 빼놓고 쓸데없는 것들만 생각한다. 곧 춤, 음악, 노래, 집, 재산, 권력을 생각한다. 심지어 부자와 왕을 시샘한다. 하지만 그들은 그런 것들이 인간다운 삶에서 정말 필요한 것인가 전혀 생각하지 못한다.

– 파스칼

인두강과 구강을 활용한 안정감 있는 소리를 내보자.

띄어 읽기와 함께 정확한 정보를 천천히 그리고 정확하게 말해보자.

오늘의 훈련과제 – 정보

연구팀은 성인남녀 390명을 두 그룹으로 나눠 한 그룹에는 채소와 과일을 충분히 섭취하는 'DASH 다이어트' (고혈압을 낮추기 위한 식이요법), 다른 대조군은 전형적인 서양인의 식사를 계속 하도록 했다. 이때 먼저 일정 기간 염분 섭취량을 하루 9g(미국인 평균 섭취량)을 먹도록 하고 그 다음 같은 기간 염분 섭취량을 하루 g(권장 섭취량의 제한)으로 줄이고 나머지 기간 소금을 하루 3g으로 줄이도록 했다. 모든 조사 기간 실험 참가자들은 두통, 부종, 구강 건조, 과도한 갈증, 피로, 현기증, 메스꺼움, 기호 변화 등 자각 증상을 기록했다.

'ㅓ' **모음**은 입을 아래위로 벌린 상태에서 양 옆을 모으고 혀를 내리고 소리를 낸다.

• '어' 발음 연습

거머리 멀쩡하다 벌거숭이 어정쩡

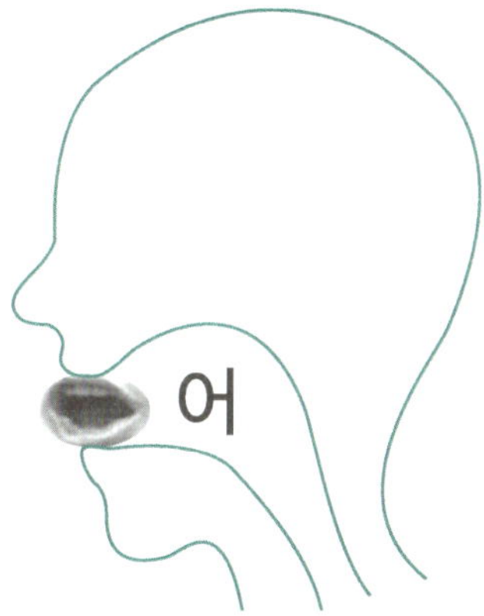

Tip

입을 아래위로 벌린 상태에서 양 옆을 모으고 혀를 내림

다음은 'ㅓ' 모음 종합훈련이다.

- 어찌 할 바를 모르겠네. 어디다 뒀는지 천천히 생각해 보자.
  빠를 겐네 뒨는지 천처니 생가캐
- 거들먹거리지 말고 어서 이리 좀 와서 도와줘.
  꺼리지
- 너울너울 거리는 노을을 볼 때 마다 내 마음도 넘실넘실거린다.
  노으를
- 넘볼 것을 넘봐야지. 남의 것에 욕심내기 전에 너의 것을 소중히 여겨.
  거슬 나메 거세 욕씸 저네 꺼슬

Tip

'ㅓ' 모음을 발음할 때는 양 옆을 살짝 모은 상태에서 입을 위아래로 중간 정도 벌리면 된다. 아래 문장을 천천히 반복적으로 읽어 보자. 녹음기로 자신의 소리와 발음을 들어본 후 안 되는 발음을 중점적으로 연습 해보자.

- 어수선하게 굴지 말고 침착하게 행동하려고 노력을 해야지.
  침차카게 노려글
- 어렴풋이 생각이 나는 것 같아. 예전에 여기가 아마 제과점
  어렴푸시 생가기 가타 예저네 저
  이었을 거야.
  미어쓸 꺼야
- 너덜너덜할 때가지 옷을 입는 것도 좋지만 하나 사는 것도
  오슬 임는 걷또 조치만 걷또
  좋을 것 같아.
  조을 껃 가타
- 멋쩍어서 그러는 것 같은데 때로는 과감하게 행동하는 것도
  먿쩌거서 걷 가튼데 걷또
  괜찮아.
  괜차나

횡격막을 신경 쓰면서 인두강을 활용한 신뢰감 있는 소리를 내보자.

띄어 읽기와 함께 정보 전달에 유의하면서 뉴스를 진행해보자.

오늘의 훈련과제 – 뉴스

캐나다 온타리오에 위치한 레이크 헤드대 연구진은 학생 125명을 상대로 우울증, 수줍음, 언어지능시험 성적 등을 분석한 결과 이 같이 밝혀졌다고 9일 영국 일간지 데일리메일이 전했다. 학생들은 어휘, 단어 분류, 문맥 이해 등이 담긴 언어 지능시험에 임했다. 아울러 이들은 평소에 걱정을 얼마나 하는지에 대한 설문조사에도 응답한 결과, 걱정이 많은 사람일수록 언어 지능시험 점수가 높은 것으로 나타났다.

연구진은 "진화론적인 관점에서 어떤 위협을 예상하고 대비하지 않아 이를 피하는 데 실패하는 것보다는 사전에 걱정하는 것이 비용이 덜 든다."고 말했다. 미래에 다가올 위협을 걱정하고 이에 대한 대비책을 마련해 과거의 선조들이 살아남을 수 있었다는 것이다.

'ㅕ' 모음은 'ㅣ' 모음에 'ㅓ' 모음을 합친 것이다. 양 옆으로 입을 벌린 상태에서 '이' 발음을 하고 나서 양 옆을 모아서 '어' 발음을 하면 된다.

• '여' 발음 연습

겨루다 멸망 벼슬 여물다

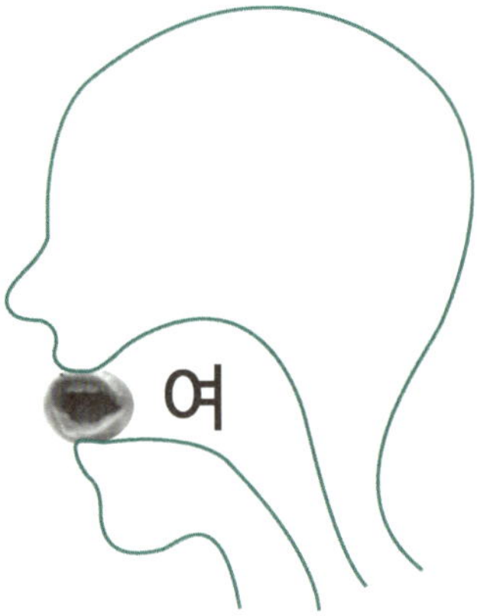

Tip

양옆으로 입을 벌린 상태에서 '이' 발음을 하고 나서 양옆을 모아서 '어' 발음을 함

Tip

'ㅣ' 모음에 'ㅓ' 모음을 해야 정확한 'ㅕ' 발음을 낼 수 있다. 아래 문장을 정확하게 읽어 보자. 조금 익숙해졌을 때 자연스럽게 발음을 내도록 연습 해본다. 처음부터 빠르게 발음을 하는 것은 발음연습에 방해가 될 수 있음을 주의해야 한다.

다음은 'ㅕ' 모음 종합훈련이다.

- 여보세요. 여보세요. 여보세요.
- 여의도에 가려면 여기서 어디로 가야 해요?
- 겨루려고 하지 말고 대화로 풀려고 해야지.
- 남을 멸시하면 너 스스로 멸망할 수도 있으니 조심해.
  나믈 멸씨 쑤도 이쓰니
- 여보게, 여차하면 넘어질 수도 있으니 여기를 갈 때는
  너머질 쑤도 이쓰니
  조심하게.

횡격막을 활용해서 울림이 있는 소리를 내보자.

실제 배우처럼 대사에 감정을 싫어서 연극을 하듯이 연습을 해보자.

오늘의 훈련과제 – 연극 연기

도둑질은 그만 두겠다고 벌써부터 말했잖아! 맹세해! 난 한번 한 말은 지키는 놈이야. 이래 봐도 글자 나부랭이나 배웠으니까. 이제부터 일을 할 거야. 저 영감님은 자원이라도 해서

시베리아로 가라는데. 어때, 같이 안 갈 거야? 너는 내가 이런 생활을 좋아하는 줄 알지만, 천만에. 난 똑똑히 알고 있어. 세상에는 나보다 더 큰 도둑질을 하면서 호의호식 하는 놈이 얼마나 많은데! 지금까지 난 이렇게 자위해 왔어. 하지만 그건 아무 소용없어. 후회도 안 해. 양심? 흥, 양심 같은 건 믿을 수도 없어. 다만 한 가지 곰곰이 생각하고 있는 게 있어. 좀 더 다른 생활을 해야 한다는 거. 좀 더 나은 생활을 해야 해. 나 자신을 존중할 수 있는 그런 생활을 하고 싶단 말이야.

– 막심고리끼 작 '밑바닥에서' 중에서 페페르

인두강과 구강을 활용한 안정감 있는 소리를 내보자.

띄어 읽기와 함께 정확한 정보를 천천히 그리고 정확하게 말해 보자.

오늘의 훈련과제 – 정보

미국 하버드의대 연구팀은 12명의 남녀에게 수면실에서 3일 동안 밤에 잠을 자게 했다. 첫 날은 잠자기 좋게 조용하고 쾌적한 환경을 만들어 주었다. 하지만 이튿날에는 알람 소리,

사람들의 대화 소리, 자동차 소리 등 시끄러운 요소들을 투입했고 셋째 날에는 이보다 소음을 더 키운 환경을 만들었다. 이들의 잠자는 패턴을 관찰했더니 어떤 사람은 시끄러운 환경에서도 잠을 잘 잔 반면 어떤 사람은 거의 잠을 자지 못했다. 잠을 잘 잔 이들의 뇌를 관찰했더니 뇌 속 시상에 스핀들이 많이 생성되는 것으로 나타났다. 연구팀은 왜 일부 사람만 스핀들을 더 많이 만들어 내는지 정확한 이유를 밝히지 못했다

Day 20

〈20일〉 오늘의 훈련목표

ㅗ, ㅛ, ㅜ, ㅠ 모음훈련

'ㅗ' **모음**은 입술을 동그랗게 만들어서 입을 오므린 상태에서 소리가 나와야 한다. 이때 혀는 뒤쪽에 두어야 한다.

- '오'발음 연습

오로라 고혹적 고요하다 모호하다

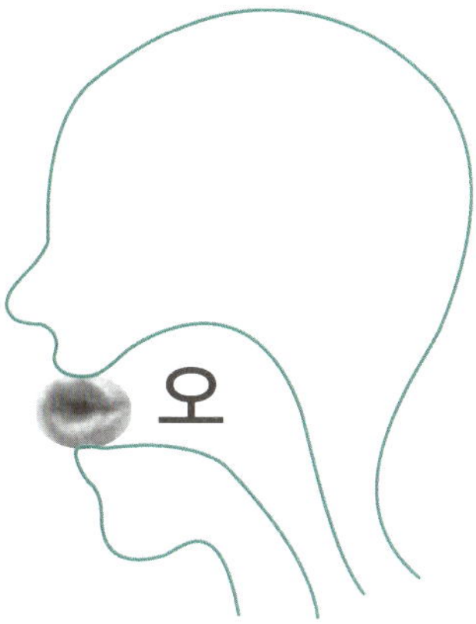

Tip

입술을 동그랗게 만들어 오므린 상태에서 혀를 뒤쪽에 둠

다음은 'ㅗ' 모음 종합훈련이다.

- 오해가 있나 본데 오해를 풀었으면 해.
  인나 푸러쓰면
- 혼자 놀지 말고 같이 노는 게 더 재미있지 않아?
  가치 재미읻찌 아나
- 홀로 된다는 것보다 더 아픈 건 혼자 인 거 라는 생각이야.
  걷뽀다 생가기야

• 호호 불면서 먹어. 호빵은 호호 불면서 먹어야 제 맛이지.
머거 머거야 마시지

Tip

'ㅗ' 모음을 발음할 때는 입을 작게 모은 상태에서 입을 오므리면서 작은 동그라미를 만들면 된다. 아래 문장을 천천히 반복적으로 읽어보자. 처음에는 천천히 그리고 점점 자연스럽게 발음을 내도록 연습해보자.

• 오롯한 사랑을 꿈꾸지만 그렇게 되는 것이 쉽지는 않을 거야.
오로탄 그러케 거시 쉽찌는 아늘 꺼야

• 놀아달라고 떼를 쓰지 말고 조금 더 어른스럽게 행동해 봐.
노라 럽께

• 모르면 모른다고 말해야지. 괜히 아는 척 하다가 큰 코 다칠
처 카
수 있어.
쑤 이써

• 오히려 모르는 게 나을 수도 있어. 모르는 게 약이라는 말도
쑤도 이써 야기라는

있잖아.
읻짜나

횡격막을 신경 쓰면서 인두강을 활용한 신뢰감 있는 소리를 내보자. 띄어 읽기와 함께 정보 전달에 유의하면서 뉴스를 진행해보자.

오늘의 훈련과제 – 뉴스

어렸을 때부터 청소, 심부름과 같은 허드렛일을 많이 한 어린이가 여러 방면에서 성공한다고 14일(현지시간) 월스트리트저널(WSJ)이 보도했다. 가급적 어릴 때부터 어른을 도와 집안일을 많이 한 어린이일수록 숙달·통찰력, 책임감, 자신감 등을 갖게 돼 여러 분야에 도움이 된다는 것이다. 그러면서 이 신문은 집안일 정도와 집안일의 시작단계가 성장에 어떤 영향을 미치는지를 분석한 연구결과를 소개했다.
미네소타대학의 마티 로스만 교수가 84명의 어린이의 성장과정을 추적해 분석한 결과, 3~4살 때부터 집안일을 도운 어린이들은 가족은 물론 친구들과의 관계가 좋아질 뿐 아니라 학문적, 직업적으로도 성공한 것으로 조사됐다.

'ㅛ' **모음**은 'ㅣ' 모음에 'ㅗ' 모음을 합친 것이다. 양 옆으로 입을 벌린 상태에서 '이'발음을 하고 나서 '오'발음을 하면 된다.

• '요' 발음 연습

요요현상 요강 포효 효도

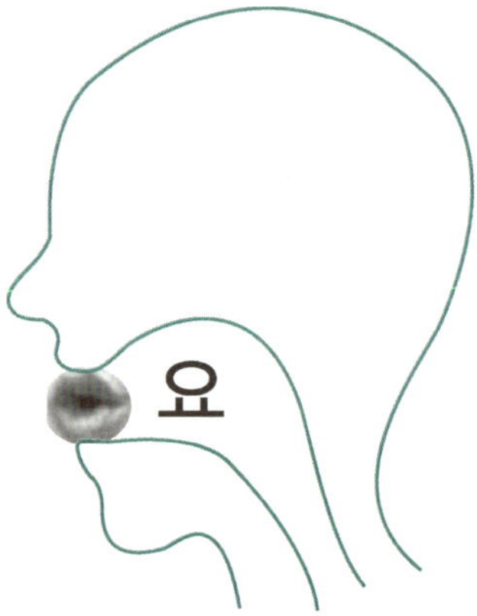

Tip

양옆으로 입을 벌린 상태에서 '이' 발음하고 나서 '오' 발음을 함

Tip

'ㅣ' 모음에 'ㅗ' 모음을 해야 정확한 'ㅛ' 발음을 낼 수 있다. 아래의 문장을 정확하게 읽어 보자. 'ㅣ' 모음을 정확하게 해서 'ㅛ' 모음을 냈다면 조금 익숙해 졌을 때 자연스럽게 발음을 내도록 연습 해본다.

다음은 'ㅛ' 모음 종합훈련이다.

- 효도는 부모님에게 물질적인 풍요로움을 주는 것이 아니라
  니메게 물찔쩌긴 우믈 거시
  마음을 편하게 해 주는 것이라 생각한다.
  마으믈 거시라 생가칸다
- 먹이를 보고 포효하는 표범을 본 적 있어?
  머기를 표버믈 이써
- 표찰을 꼭 달고 다니세요. 아니면 입장이 불가할 수도 있어요.
  표차를 입짱이 쑤도 이써요

인두강과 구강의 공명을 활용해 신뢰감 있는 소리를 내보자. 띄어 읽기와 함께 정확한 숫자의 정보 전달에 유의하면서 증권 뉴스를 진행해보자.

오늘의 훈련과제 – 뉴스

투자 주체별 동향을 살펴보면 외국인과 개인이 각각 1118억 원, 999억 원을 순매수한 가운데 기관은 1739억 원의 매도 우위를 보였다. 외국인은 이날까지 9거래일 연속 '사자'를 외쳤고 기관은 6거래일 연속 '팔자'를 외쳤다. 프로그램매매는 차익과 비차익이 각각 254억 원, 316억 원의 순매수를 보여 총 570억 원의 매수 우위를 보였다. 업종별로 보면 종이목재가 전일보다 3.36% 상승하며 393.04를 기록해 52주 신고가를 경신했다. 이어 의약품, 섬유의복, 증권, 유통업, 비금속광물, 음식료품 등이 1~2%의 오름세를 보이며 뒤를 따랐다.

인두강과 구강을 활용한 안정감 있는 소리를 내보자.
띄어 읽기와 함께 정확한 정보를 천천히 그리고 정확하게 말해보자.

오늘의 훈련과제 – 정보

나트륨(소금) 과다 섭취하면 혈압이 상승하지 않더라도 혈관, 심장, 신장 기능을 떨어뜨린다는 새로운 연구결과가 나왔다. 미국 델리웨어 대학 보건과학대학과 크리스티애너 케어 헬스 시스템의 공동연구진은 나트륨을 지나치게 섭취하는 사람은 혈압이 상승하지 않더라도 혈관, 심장, 신장 기능이 손상된다는 연구결과를 발표했다고 사이언스 데일리가 10일 보도했다. 사람에 따라 나트륨 과다섭취로 혈압이 높아지는 '나트륨 민감성' 체질과 혈압이 올라가지 않는 '나트륨 저항성' 체질이 있지만 혈압이 상승하지 않더라도 혈관, 심장, 신장기능은 손상된다고 연구진은 밝혔다.

'ㅜ' 모음은 입을 다문 상태에서 최대한 입을 오므려야 한다. 이때 혀는 뒤쪽에 두어야 한다.

- '우' 발음 연습

  우리 우후죽순 구부리다 우적우적

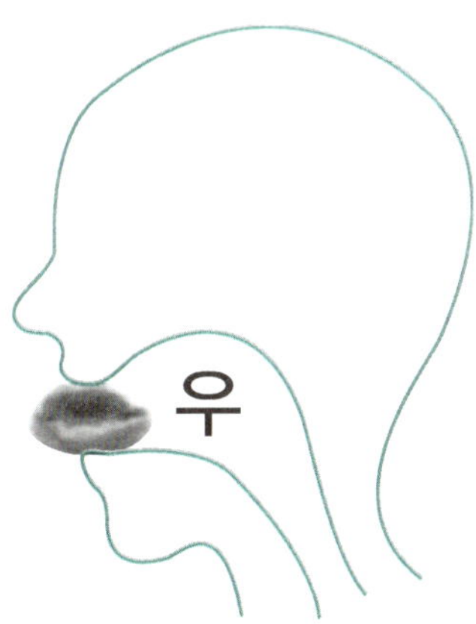

Tip

입을 다문 상태에서 최대한 오므리고 혀를 뒤쪽에 둠

다음은 'ㅜ' 모음 종합훈련이다.

- '우리'라는 말은 '나'와 '너'가 합쳐진 말이다. 그래서 '우리'라는
  마른 마리다
  말에는 따스함과 더불어 함께라는 생각이 공존한다.
  마레는 더부러 생가기
- 우후죽순 생기는 건물들을 보면서 옛날에 살던 정겨운 동네가
  죽쑨 드를 옌나레
  그리워진다.
- 구구절절 얘기하는 것보다 한 마디 실천이 더 중요한 오늘이다.
  걷뽀다 실처니 오느리다

Tip

'ㅜ' 모음을 발음할 때는 입을 다문 상태에서 입을 앞으로 내밀면서 발음을 하면 된다. 아래 문장을 천천히 반복적으로 읽어 보자. 처음부터 빨리 발음을 하려고 하지 말고 정확한 발음을 하도록 하자.

- 울고불고 난리 칠 때가 엊그제 같은데 벌써 한 달이나 시간이
  날리 얻끄제 가튼데 다리나 가니
  흘렀네.
  흘런네
- 우당탕거리면서 들어오는 저 사람 어디서 많이 본 것 같은데
  드러 마니 걷 가튼데
  누구더라?
- 무안하면서 어쩔 줄 모르는 이 느낌은 나뿐인가? 누구나
  쭐 뿌닌가
  그렇지 않나?
  그러치 안나
- 부들부들 거리면서 소리를 지르지 말고 화를 자제하는 것이
  거시
  훨씬 더 건강에 좋아.
  조아

인두강과 구강의 공명을 활용해 신뢰감 있는 소리를 내보자. 띄어 읽기와 함께 정확한 숫자의 정보 전달에 유의하면서 증권 뉴스를 진행해보자.

오늘의 훈련과제 - 뉴스

미국 연방기관인 식품의약국(FDA) 의뢰로 '의학연구소'가 흡연 허용 연령 변화가 흡연에 미치는 영향을 분석한 보고서를 보면 허용 연령을 현 18세에서 19세로 높이면 2100년에는 흡연인구는 3% 정도 줄어드는 것으로 추정됐다. 또 연령을 21세로 높이면 흡연 인구는 12%가량 감소할 것으로 예측됐다. 아울러 조기 사망자는 적어도 24만9천명, 폐암 사망자는 4만5천명 정도 줄어들 것으로 분석됐다. 이어 제한 연령을 25세로 크게 높이면 흡연 인구는 무려 16%나 줄어들 것으로 추정됐다. 보고서는 지난 50년간 미국에서 흡연 허용 연령 설정 등 담배 관련 제한이 강화해 조기 사망자가 800만 명 이상 줄었다고 지적했다.

'ㅠ' 모음은 'ㅣ' 모음에 'ㅜ' 모음을 합친 것이다. 양 옆으로 입을 벌린 상태에서 '이' 발음을 하고 나서 '우' 발음을 하면 된다.

- '유' 발음 연습

  유리 유유자적 유유히 유유상종

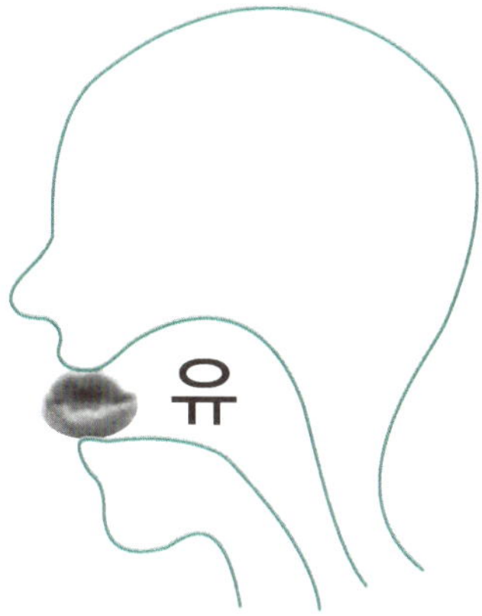

Tip

양옆으로 입을 벌린 상태에서 '이' 발음을 하고 나서 '우' 발음을 함

Tip

'ㅣ' 모음에 'ㅜ' 모음을 해야 정확한 'ㅠ' 발음을 낼 수 있다. 아래의 문장을 정확하게 읽어 보자. 'ㅣ' 모음을 정확하게 해서 'ㅠ' 모음을 냈다면 조금 익숙해졌을 때 자연스럽게 발음을 내도록 연습해 본다.

다음은 'ㅠ' 모음 종합훈련이다.

- 유리동물원이라는 희곡에는 상처를 받았지만 그 상처를
  동무뤄니라는 희고게는 바다찌만
  이겨내고
- 유유히 호수를 걷다 보면 유달리 옛날 생각이 많이 난다.
  걷따 옌날 생가기 마니
- 유창하게 말을 하는 것보다 한 마디 말을 진심을 담아 하는
  마를 걷뽀다 마를 진시믈 다마
  것이 더 중요하다.
  거시
- 유치하게 행동하지 말고 어른스럽게 행동하려는 노력을 하자.
  어른스럽께 노려글

인두강과 구강을 활용한 안정감 있는 소리를 내보자.

속담의 의미를 생각해 보면서 천천히 그리고 정확하게 말해보자.

오늘의 훈련과제 - 속담

가랑비에 옷 젖는 줄 모른다.

뛰는 놈 위에 나는 놈 있다.

가랑잎이 솔잎더러 바스락거린다고 한다.

가지 많은 나무에 바람 잘 날 없다.

세 살 버릇 여든까지 간다.

낮말은 새가 듣고 밤말은 쥐가 듣는다.

소문난 잔치에 먹을 것 없다.

되로 주고 말로 받는다.

닭 잡아먹고 오리발 내민다.

말 한마디에 천 냥 빚도 갚는다.

개구리 올챙이 적 생각을 못한다.

못된 송아지 엉덩이에 뿔 난다.

인두강과 구강의 공명을 활용해 안정감 있는 소리를 내보자. 띄어 읽기와 함께 정확한 숫자의 정보 전달에 유의하면서 뉴스를 진행해보자.

오늘의 훈련과제 - 뉴스

영국 BBC방송에 따르면 유니버시티 칼리지 런던(UCL) 연구진은 1970년대 탄생한 6000명의 영국인들을 대상으로 어렸을 때 TV시청 습관이 현재의 생활패턴과 건강에 어떤 영향을 미치는지 조사해봤다. 그 결과 10대 때 TV를 많이 본 사람들의 42%는 성인이 된 후에도 하루에 3시간 이상을 TV를 보는데 쓰고 있는 것으로 나타났다. 특히 이들 중 상당수는 자신이 현재 과체중이거나 비만이라고 답했다.

더 흥미로운 것은 어렸을 때 TV를 많이 본 어린이들의 경우 아버지가 비만이거나 육체노동직에 종사한 경우가 많은 것으로 조사됐다.

Day 21

〈21일〉 오늘의 훈련목표

ㅡ, ㅣ 모음훈련

'ㅡ' 모음은 위아래 이빨이 닿은 상태에서 입을 양 옆으로 조금 벌리면 된다.

- '으' 발음 연습

으리으리하다 그을리다 그믐 슬픔

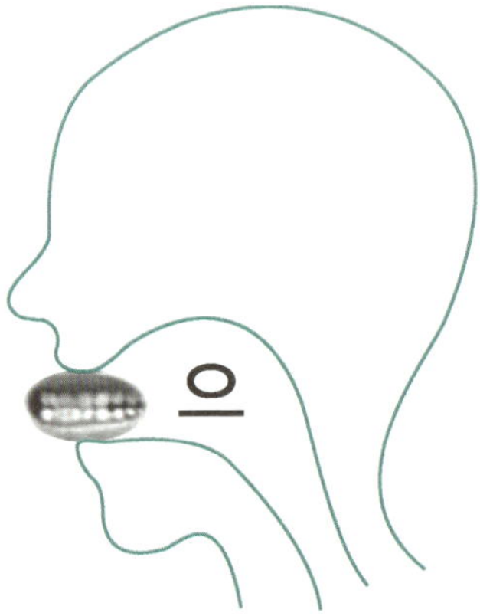

Tip

위아래 이빨을 닿은 상태에서 입을 양옆으로 조금 벌림

다음은 '—' 모음 종합훈련이다.

- 으리으리하게 큰 규모를 자랑했지만 실속은 없는 것 같다.
  자랑핻찌만 실소근 엄는 걷 가따
- 그늘진 과거에 걱정도 되지만 희망찬 앞날이 있기에 오늘을
  걱쩡도 암나리 읻끼에 오느를
  버틴다.
- 늠름하게 사는 것이 때로는 어렵지만 내 이름에 먹칠을 하고
  거시 어렵찌만 이르메 먹치를

싶지는 않다.
십찌는 안타

- 나름 최선의 노력을 다해도 안 되는 것이 있지만 그래도 안
  최서네 노려글 거시 읻찌만

  하는 것보다는 낫다.
  걷뽀다는 나따

Tip

'ㅣ' 모음이 양 옆으로 많이 벌리는 발음이라면 'ㅡ' 모음은 양 옆으로 입을 다문 상태에서 양 옆으로 조금 벌려야 정확한 발음을 낼 수 있다.

- 그곳에 가면 무언가 다른 것이 있어. 바로 그런 이유 때문에
  그고세 거시 이써 때무네

  그곳에 가려는 거야.
  그고세

- 그들만의 리그에서 벗어나도록 해. 너만의 장점을 찾고
  버서 마네 장쩌믈 찰고

  개성을 찾는 것이 더 좋아.
  찬는 거시 조아

- 드문 경우이긴 하지만 오히려 전화위복의 기회로 삼는 것이
  거시

나을 것 같아.
껄 가타

• 스산한 바람이 부는 걸 보니 겨울이 올 것만 같아.
바라미 겨우리 껀만 가타

아무래도 대비를 해야겠어.
게써

인두강과 구강을 활용한 안정감 있는 소리를 내보자.

띄어 읽기와 함께 정확한 정보를 천천히 그리고 정확하게 말해보자.

오늘의 훈련과제 – 정보

분노조절장애는 정확히 표현하자면 '간헐적 폭발성 장애'다. 폭발적 행동이 자기 의사와 상관없이 발작적으로 일어나며, 간헐적으로 반복된다. 공격충동 파괴적·충동적행동 폭력 등이 특징이다. 전체 인구에선 드물지만 남성에 흔하다. 증상은 주로 10~20대에 시작된다. 걸핏하면 분노해 주위 사람들까지 어쩔 줄 모르게 만드는 사람은 방치하면 안 된다. 김창윤 서울아산병원 정신건강의학과 교수는 "화를 잘 내는 사람들은 대부분 모든 일이 자기 생각대로 돼야 한다고 전제한다."며 "이런 사람들은 기대치를 낮추는 것부터 배워야 한다."고 강조했다.

'ㅣ' **모음**은 양 옆으로 입을 벌린 상태에서 혀를 살짝 밑으로 내리야 한다.

- '이' 발음 연습

  이리 미리 시기 지치다 치기어리다

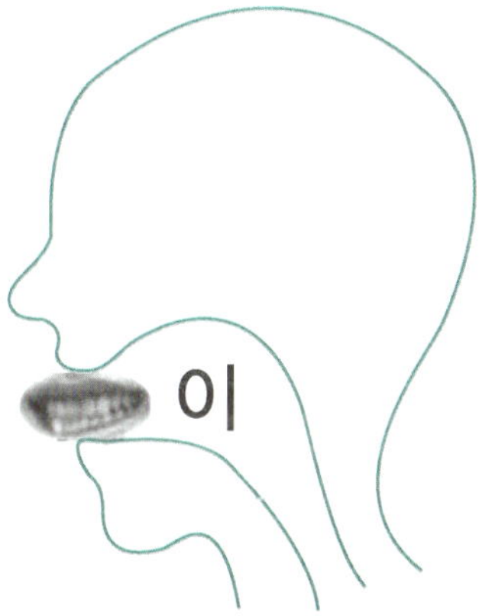

Tip

양옆으로 입을 벌린 상태에서 혀를 밑으로 내림

다음은 'ㅣ' 모음 종합훈련이다.

- 이렇게 하는 것이 반드시 정답은 아니지만 정답에 가깝게
  이러케 거시 정다븐 정다베 가깝께

  생각을 하려고 해.
  생가글

- 이리로 갈까 저리로 갈까 고민 많이 해 봤는데 이리로 가는
  마니 봔는데

  게 맞는 것 같아.
  걷 가타

- 미리 얘기라도 했으면 좋았을 텐데 그래도 지금이라도 얘기해
  해쓰면 조아쓸 지그미라도

  서 다행이야.

- 미안해하는 것보다 앞으로 그러지 않으려는 노력을 하는
  걷뽀다 아프로 아느려는 노려글

  게 좋을 것 같아.
  조을 껃 가타

Tip

'ㅡ' 모음이 양 옆으로 살짝 벌리는 발음이라면 'ㅣ' 모음은 입을 다문 상태에서 양 옆으로 많이 벌려야 정확한 발음을 낼 수 있다.

- 이동하려면 지금 이동해야 해. 조금 있으면 바람이 불어오
  이쓰면 바라미 부러

  기 시작할 거야.
  시자칼 꺼야

- 미동도 없이 그대로 있더라고. 그래서 화가 난 줄 알았지 뭐야.
  업씨 읻떠 아랃찌

- 비밀이라고? 우리끼리 굳이 비밀을 만들어야 해?
  비미리라고 구지 비미를 만드러야

  그러지 말고 얘기해 봐.

- 시끄러워. 소리를 좀 낮춰. 여기는 도서관이라서 소리를
  낟춰 도서과니

  크게 내면 안 돼.

인두강과 구강을 활용한 안정감 있는 소리를 내보자.

띄어 읽기와 함께 정확한 건강 정보를 천천히 그리고 정확하게 말해보자.

오늘의 훈련과제 - 정보

소음인은 따뜻한 기운이 약해 몸이 차가워지기 쉽고 다른 체질에 비해 피로감을 쉽게 느낀다. 기능성 소화불량, 변비, 설사 등을 자주 앓고 수족냉증, 편두통, 어지럼증, 잦은 피로감, 우울감, 알레르기성 질환, 자가면역성 질환(면역저하) 등이 많이 발생해 환절기에 특히 취약한 체질이다. 이런 체질은 평소 소화기능을 돕고 몸을 따뜻하게 하는 건강관리법이 필요하다. 성질이 맵고 따뜻한 찹쌀, 닭고기, 장어, 마늘, 감자, 부추, 사과, 귤과 계피차, 생강차, 꿀차 등이 도움이 된다. 또 땀을 많이 흘리지 않는 가벼운 운동이 좋고 체온 유지에 주의해야 한다. 소양인은 몸에 열이 많고 기운이 쉽게 상승해 수면장애, 감정장애, 자율신경 과민증상, 역류성 식도질환 등을 앓는 사람이 많다.

Day 22

〈22일〉 오늘의 훈련목표

ㅐ, ㅔ, ㅚ, ㅟ 모음훈련

자, 이제 기본 모음훈련은 끝났다. 이제부터는 조금 어려운 형태의 모음훈련이다. 조금 더 입모양에 신경 써서 연습을 해 보자.

'ㅐ' **모음**은 입을 위 아래로 살짝 벌린 상태에서 양 옆으로 오므린다. 이때 혀는 가만히 놔둔다.

- '애' 발음 연습

  애태우다 맴맴 뱁새 생채기 재채기

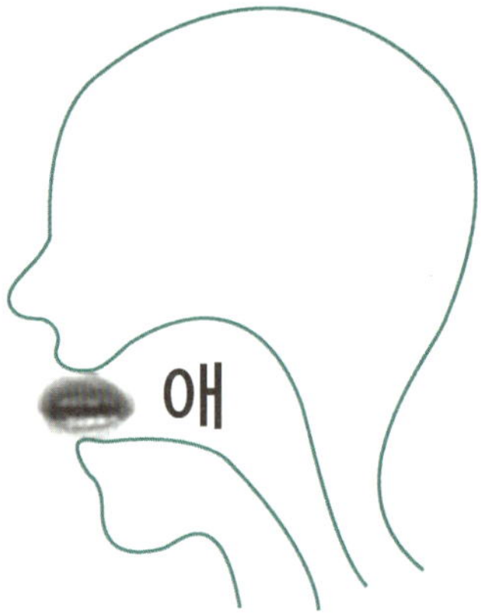

Tip

입을 위아래로 살짝 벌린 상태 양옆으로 살짝 오므림. 혀는 가만히 놔둠

다음은 'ㅐ' 모음 종합훈련이다.

- 애지중지 여기던 물건을 잃어 버렸지만 다시 찾게 되었어.
  물거늘 이러 버렫찌만 찯께 되어써
- 재채기가 나와서 혼났지 뭐야. 그래도 태연한 척 잘 견뎠어.
  혼낟찌 견뎌써
- 태어날 때부터 우리는 행복을 추구하기 위해 노력한다.
  행보글 노려칸다

• 맴맴 우는 매미를 보면 여름이 성큼 다가왔다는 것을 느낀다.
여르미 다가왇따는 거슬

Tip

'ㅐ' 모음은 양 옆으로 살짝만 벌려야 한다. 양 옆으로 벌리는 'ㅔ' 발음과 혼동해서 발음을 하는 경우가 많기 때문에 그런 부분을 유의하면서 발음을 해야 한다.

• 재잘재잘거리지 말고 큰 소리로 얘기해 봐. 왜 너희들끼리 얘기해?

• 재채기가 나면 차라리 시원하게 해버려. 그래야 기분도 시원해져.

• 재수가 없으려니 별 게 다 방해를 하네. 그냥 액땜했다고 생각을 해.
업쓰려니 핻따고 생가글

• 재미 있지 않아? 난 이런 게임 너무 재미있던데. 같이 한 번 해 보자.
읻찌 아나 께임 읻떤데 가치

• 내기를 하려면 지금 해야 해. 나중에 마음 바꾸지 말고 지금 결정 해.

결쩡

인두강과 구강을 활용한 안정감 있는 소리를 내보자.

띄어 읽기와 함께 정확한 정보를 천천히 그리고 정확하게 말해보자.

오늘의 훈련과제 – 정보

반신욕이 무조건 몸에 좋은 것은 아니다. 특히 반신욕을 땀 빼는 목욕법으로 오해해 땀이 날 때까지 뜨거운 물에 들어가 있는 사람이 있는데, 이는 건강을 해치는 지름길이다. 오랜 시간 물에서 땀을 뺄 경우 필요 이상의 수분이 몸 밖으로 배출돼 탈수현상이 나타날 수 있다. 이 때문에 두통이나 어지럼증이 생기기도 하며, 심할 경우 의식을 잃는 위험한 순간까지 이어질 수 있다. 특히 70세 이상의 노인이나 고혈압·심근경색·뇌졸증 등 심장이나 혈관에 문제가 있는 사람은 뜨거운 물에서 오랜 시간 반신욕을 하면 혈관이 급작스럽게 이완과 수축을 반복해 협심증이나 심혈관계질환이 악화될 수 있다.

'ㅔ' 모음은 위 아래로 살짝 입을 벌린 상태에서 입을 양 옆으로 벌린다. 이때 혀는 밑으로 내린다.

• '에' 발음 연습

네 메밀 베베꼬다 세우다 케케묵다

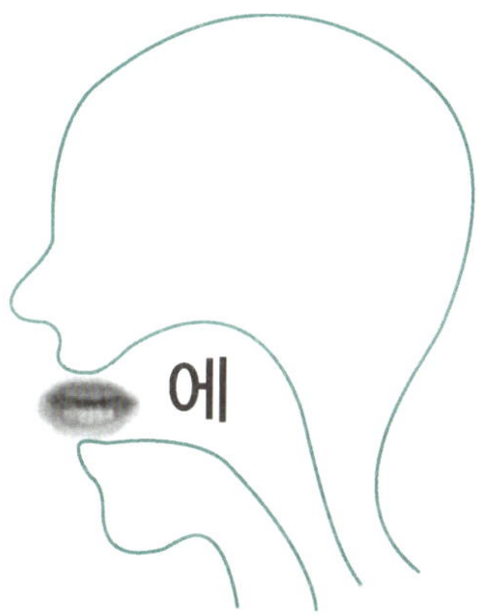

Tip

위 아래로 살짝 입을 벌린 상태에서 입을 양 옆으로 벌림. 혀를 밑으로 내림

Tip

'ㅔ' 모음은 'ㅐ' 모음 보다 양 옆으로 더 벌리면서 발음해야 한다. 사진의 입모양처럼 정확히 연습을 하는 것이 중요하다.

다음은 'ㅔ' 모음 종합훈련이다.

- 네, 알겠습니다. 앞으로 더 열심히 하도록 노력하겠습니다.
  게씁니다. 아프로 열씨미 노려카게씁니다
- 케케묵은 변명보다 앞으로 더 잘하려는 생각이 중요한 거야.
  케케무근 아프로 생가기
- 메밀국수 먹으러 갈래? 이번에 새로운 가게 오픈 했다던데.
  국쑤 머그러 이버네 핻따던데
- 헤헤 거리지 말고 제대로 얘기해봐. 어떻게 된 일이야?
  어떠케 이리야

인두강과 구강을 활용한 안정감 있는 소리를 내보자.

띄어 읽기와 함께 명언의 의미를 되새기면서 음미하듯이 말해보자.

오늘의 훈련과제 – 명언

그대는 인생을 사랑하는가? 그렇다면 시간을 낭비하지 말라. 왜냐하면 시간은 인생을 구성한 재료니까. 똑같이 출발하였는데, 세월이 지난 뒤에 보면 어떤 사람은 뛰어나고 어떤 사람은 낙오자가 되어 있다. 이 두 사람의 거리는 좀처럼 접근할 수 없는 것이 되어 버렸다. 이것은 하루하루 주어진 시간을 잘 이용했느냐 이용하지 않고 허송세월을 보냈느냐에 달려 있다.

– 벤자민 프랭클린

시간의 참된 가치를 알라. 그것을 붙잡아라. 억류하라. 그리고 그 순간순간을 즐겨라. 게을리하지 말며, 헤이해지지 말며, 우물거리지 말라. 오늘 할 수 있는 일을 내일까지 미루지 말라.

– 체스터필드

인두강과 구강을 활용한 신뢰가 가는 소리를 내보자.

띄어 읽기와 함께 정확한 정보를 천천히 그리고 정확하게 말해 보자.

오늘의 훈련과제 – 정보

체중에 따라 장내 세균 구성비가 달라지는 이유는 '영양소'에 있다. 장내 세균은 사람이 먹는 음식의 영양소를 에너지원으로 살아간다. 그런데 세균 종류마다 선호하는 영양분이 각기 다르다. 후벽균은 지방과 단백질을 먹고 이를 분해한다. 세균이 분해한 영양소는 그만큼 장에 잘 흡수된다. 즉 우리 몸에 많이 존재하는 세균이 먹이로 삼는 영양분은 체내에 흡수와 축적이 잘 이뤄진다는 얘기다. 식사량을 조절해도 살이 잘 빠지지 않는 사람은 장의 환경을 체중 감량하기 좋은 환경으로 바꾸기 위한 노력이 필요하다. 먼저 즐겨 먹는 음식의 종류를 점검해 볼 필요가 있다. 고기를 계속 먹다 보면 이를 영양분으로 삼는 세균이 자연스럽게 증가한다.

'ㅚ' **모음**은 조금 다른 순서로 발음을 해야 한다. '이' 발음을 먼저 한 상태에서 입을 모아서 '오' 발음을 해야 정확히 발음을 할 수가 있다.

- '외' 발음 연습

외치다 외마디 괴물 죄값 외지다

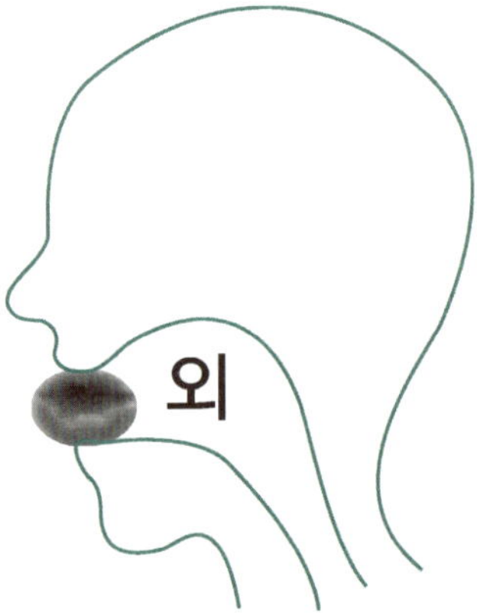

Tip

'이' 발음을 한 상태에서 입을 모아서 '오' 발음을 함

Tip

'ㅚ' 모음은 'ㅙ' 모음 보다 양 옆으로 입을 모으면서 발음해야 한다.
입을 좀 더 벌리면서 발음하면 'ㅙ' 모음이 되기 때문이다.

다음은 'ㅚ' 모음 종합훈련이다.

- 외가가 서울에 있어서 명절 때마다 찾아가기가 쉬어요.
  서우레 이써서 차자
- 괴기스런 영화보다는 낭만적이고 유쾌한 영화가 좋아요.
  저기고 조아요
- 죄질이 무거워서 감형 받기가 어려울 것 같아요.
  죄지리 받끼가 껃 가타요
- 최미영씨인지 최영미씨인지 헛갈리지만 다시 알아볼께요.
  헏깔 아라

구강과 비강을 활용해 생동감 있게 시 한편을 낭송해보자.
시의 의미와 운율을 살리고 감정을 담아서 시를 읊어보자.

오늘의 훈련과제 – 시 낭송

한 송이의 국화꽃을 피우기 위해
봄부터 소쩍새는 그렇게 울었나 보다.
한 송이의 국화꽃을 피우기 위해
천둥은 먹구름 속에서 또 그렇게 울었나 보다.
그립고 아쉬움에 가슴 조이던
머언 먼 젊음의 뒤안길에서
인제는 돌아와 거울 앞에 선
내 누님같이 생긴 꽃이여.

– 서정주 시인 '국화 옆에서'

'ㅟ' **모음**은 '우' 발음을 한 상태에서 입을 양 옆으로 살짝 벌려 '이' 발음을 해야 한다.

- **'위' 발음 연습**

위기 귀하다 뒤집다 쥐덫 쉬쉬하다

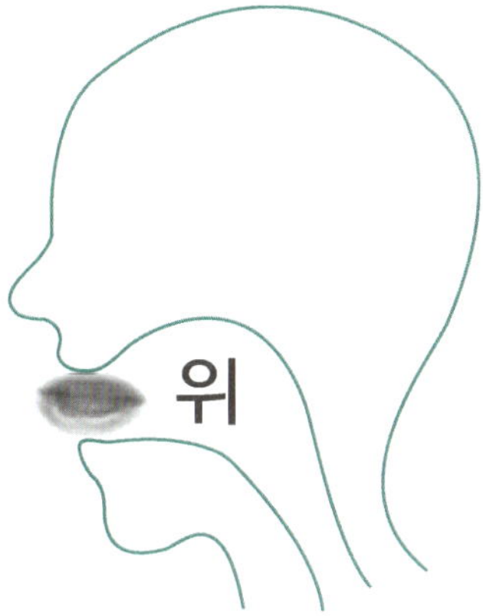

Tip

'우' 발음을 한 상태에서 입을 양옆으로 살짝 벌려 '이' 발음을 함

Tip

'ㅟ' 모음은 'ㅜ' 모음을 한 상태에서 'ㅣ' 발음을 해야 정확한 'ㅟ' 발음을 할 수 있다. 사진의 입모양처럼 정확히 연습을 하는 것이 중요하다.

다음은 'ㅟ' 모음 종합훈련이다.

• 위기가 있었지만 다시 일어날 수 있는 계기가 되었습니다.
잇써찌만 이러날 쑤 인는 되어씀니다

• 귀신을 본 것 같은 충격에 휩싸여 잠시 동안 멍해 있었어요.
걷 가튼 충겨게 똥안 이써써요

• 위험한 순간은 지나가고 다시 평온한 상태가 찾아 왔어요.
순가는 차자 와써요

• 쉬쉬하지 말고 당당하고 솔직하게 얘기를 해 봐요.
솔찌카게

그래야 돼요.

구강과 비강을 활용해 생동감 있게 시 한편을 낭송해보자. 시의 의미와 운율을 살리고 감정을 담아서 시를 읊어보자.

오늘의 훈련과제 – 시 낭송

눈이 부시게 푸르른 날은
그리운 사람을 그리워하자.
저기 저기 저 가을 꽃 자리
초록이 지쳐 단풍 드는데
눈이 내리면 어이 하리야.
봄이 또 오면 어이 하리야.

내가 죽고서 네가 산다면!

네가 죽고서 내가 산다면!

– 서정주 시인 '푸르른 날'

인두강과 구강의 공명을 활용해 신뢰를 주는 소리를 내보자. 띄어 읽기와 함께 정확한 정보 전달에 유의하면서 뉴스를 진행해보자.

오늘의 훈련과제 – 뉴스

최근 네덜란드 암스테르담 자유대학교 연구팀이 구직자들의 '이메일 주소'도 기업인사 담당자들에게 영향을 미친다는 흥미로운 연구결과를 발표했다. 총 73명의 인사담당자들에게 가공의 이력서들을 보낸 후 점수를 매기게 해 평가한 이번 연구는 기업 풍토와 문화가 다른 서구의 사례이기는 하지만 영어 이메일 주소를 쓰는 우리에게도 일정 부분 참고할 만하다. 조사 후 드러난 결과는 흥미롭다. 일반적으로 많이 알려진 이력서의 오타 혹은 맞춤법이 틀리는 것만큼이나 이메일 주소 역시 인사담당자들에게 영향을 미친다는 사실이 드러났기 때문이다.

Day 23

〈23일〉 오늘의 훈련목표

ㅢ, ㅙ, ㅝ, ㅞ 모음훈련

'ㅢ' 모음은 위아래 이빨이 닿은 상태에서 '으' 발음을 하고 나서 '이' 발음을 해야 한다.

- '의' 발음 연습

의리 의형제 의정서 의기양양 틔움

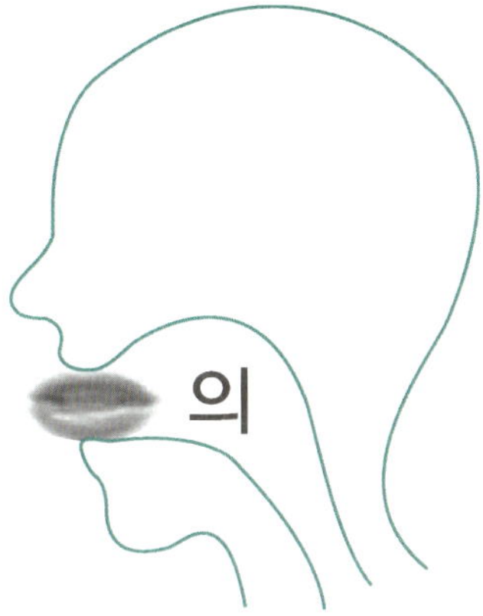

Tip

위아래 이빨을 닿은 상태에서 '으' 발음을 하고 나서 '이' 발음을 함

Tip

'ㅢ' 모음은 'ㅡ' 모음을 한 상태에서 'ㅣ' 발음을 해야 정확히 'ㅢ' 발음을 할 수 있다. 아래문장을 정확하게 연습 해보자. 조금 익숙해지면 그다음은 자연스런 발음을 내는 데 중점을 두면서 연습하자.

다음은 'ㅢ' 모음 종합훈련이다.

- 의리를 지키는 것이 돈을 버는 것보다 더 중요할 때가 있다.
  거시 도늘 건뽀다 읻따
- 의기양양해서 가는 모습이 웃기기는 하지만 그래도 대견해
  모스비 욷끼기는
  보인다.
- 의미가 남다르겠네요. 의형제를 맺으셨다니 저도 기분이 좋아요.
  남다르겐네요 매즈셔따니 기부니 조아요
- 의식은 하되 경계는 하지 마세요. 그래야 사람이 다가올 수
  의사근 사라미 올 쑤
  있어요.
  이써요

횡격막을 활용해서 울림이 있는 소리를 내보자.

실제 배우처럼 대사에 감정을 싫어서 연극을 하듯이 연습을 해보자.

오늘의 훈련과제 – 연극 연기

무대 위에 서서 사람들을 바라보면 난 불안해 사람들의 냉정한 눈초리는 마치 '다 아는 이야기를 하고 있군. 낡아 빠졌어. 지루해'라고 떠들고 있는 것 같아. 사람들 앞에만 서면 난 나약해지고 무방비한 상태가 되고 말지. 그들을 사로잡을 수도 없고 흥분시킬 수도 없어. 공포와 희열의 짜릿함을 맛보고 싶어. 그들 앞에서 말이야. 불꽃처럼 튕기는 대사, 정열을 폭발

시키는 말들, 분노를 일으키는 순간을 갖고 싶단 말이야. 칼날처럼 예리한 말들, 가슴을 꽉 채울 수 있는 말들을 그들에게 내뱉고 싶어. 아낌없이, 전율이 느껴지도록. 그럼 그들은 내 말에서 빛을 받겠지.

인두강과 구강의 공명을 활용해 안정감 있는 소리를 내보자.
띄어 읽기와 함께 정확한 정보 전달에 유의하면서 뉴스를 진행해보자.

오늘의 훈련과제 – 뉴스

과거에는 '아침형 인간'이라는 책이 베스트셀러가 될 정도로 아침형 인간이 주목 받았지만 이제는 낮보다는 밤에 많이 활동하는 이른바 '올빼미형 인간'이 더 똑똑하다는 주장이다. 런던정경대(LSE)의 연구에 따르면 저녁형 인간이 아침형 인간보다 더 높은 지능을 갖고 있다. LSE의 연구자들은 "사람들이 대게 아침을 기준으로 삼는 경우가 많은데, 올빼미형은 진화론적으로 새로운 것을 선호해 고도의 인지적인 복합성을 갖추게 된다"면서 "기본적으로 똑똑한 사람은 더 늦게까지 안 자고 깨어있도록 발달했다"고 설명했다. 캐나다 언론 위니펙 프리 프레스의 동물학자 로버트 앨리슨은 "최근 야행성 인간이 더 똑똑한 인간으로 점진적인 발전을 해왔다"는 연구결과들이 나왔다.

'ㅙ' **모음**은 입을 동그랗게 오므린 상태에서 '오' 발음을 하고 나서 '애' 발음을 해야 한다.

• '왜' 발음 연습

왜 왜냐하면 왜이래 왜요

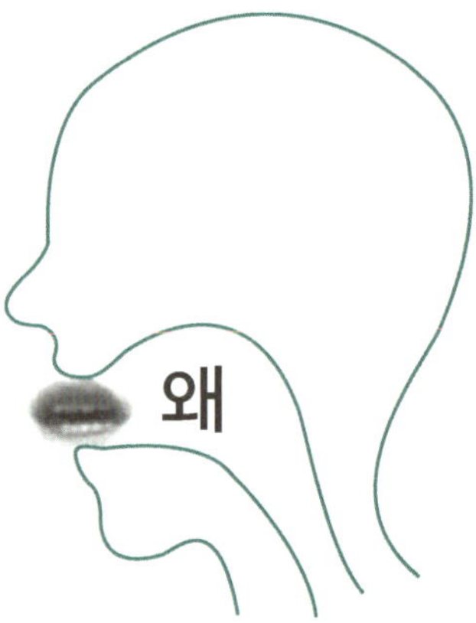

Tip

입을 동그랗게 오므린 상태에서 '오' 발음을 하고 나서 '애' 발음을 함

Tip

'ㅙ' 모음은 'ㅚ' 모음과 헛갈릴 수 있다. 'ㅚ' 모음 보다 양 옆으로 더 벌리면서 발음해야 한다. 사진의 입모양처럼 정확히 연습을 하는 것이 중요하다.

다음은 'ㅙ' 모음 종합훈련이다.

- 왜냐하면 지금 이 순간이 가장 중요한 순간이기 때문이에요.
  가니 / 순가니기 때무니에요
- 왜라는 질문을 하기 전에 어떻게 하면 방법을 찾을 수 있는 지부터 생각해.
  질무늘 / 저네 어떠케 / 방버블 차즐 쑤 인는 / 생가케
- 왜 이렇게 힘들까라는 고민 보다는 앞으로 어떻게 잘할까를 생각하자.
  이러케 / 아프로 어떠케 / 생가카자
- 왜냐고 물으신다면 할 말이 없지만 그래도 좋은 방향으로 가 보죠.
  무르 / 마리 업찌만 / 조은

횡격막을 활용해서 울림이 있는 소리를 내보자.

실제 배우처럼 대사에 감정을 싫어서 연극을 하듯이 연습을 해보자.

오늘의 훈련과제 - 연극 연기

반가워요. 마침 글을 쓰기가 좀 따분해서 누구랑 같이 얘기라도 했으면 하던 참인데. 여기가 바로 제 서재구요, 저는 매일같이 바로 이 책상에 앉아서, 한 가지 생각에 골몰하고 있죠. 난 써야 한다, 써야 한다. 써야만 해! 이 서재는 널빤지를 하나하나 끼워서 제가 직접 만들었는데, 엉망이죠? 제 책상을 구석에 놨는데, 하필이면 바로 이 위의 천장이 새서 비만 오면 물이 떨어지네요. 네, 그래요. 저도 책상을 옮기려고도 했지만, 책상 바닥에 또 구멍이 있지 뭡니까? 그뿐인가요, 지금 이 집이 경사져 있어서 비가 심하게 올 때마다 조금씩 조금씩 아래쪽으로 밀려가고 있는 거 같아요. 그래도 저는 여기가 마음에 들어요. 아주 행복해요.

- 굿닥터 중에서 작가

인두강과 구강의 공명을 활용해 안정감 있는 소리를 내보자.

띄어 읽기와 함께 정확한 정보 전달에 유의하면서 뉴스를 진행해보자.

오늘의 훈련과제 – 뉴스

누구든 나이를 먹으면서 기억력이 쇠퇴하며 이는 알츠하이머 치매와는 무관하다는 연구결과가 나왔다. 미국 메이요 클리닉의 클리포드 잭 박사는 30대 중반부터 60대 중반까지는 거의 누구나 기억력과 뇌의 기억중추인 해마의 용적이 차츰 줄어들며 이런 자연적인 과정은 치매의 병리현상과는 무관하다는 연구결과를 발표했다고 헬스데이 뉴스가 10일 보도했다. 이러한 자연적인 기억력 저하에는 치매의 특징적 병리현상으로 뇌신경세포에 나타나는 독성 단백질 아밀로이드 베타 플라크(노인반)의 출현이 거의 수반되지 않는다고 잭 박사는 밝혔다.

'ㅝ' 모음은 위아래 이빨을 닿은 상태에서 입을 오므려 '우' 발음을 하고 나서 '어' 발음을 해야 한다.

- '워' 발음 연습

권태기 원망 원성 원자력 훤칠하다

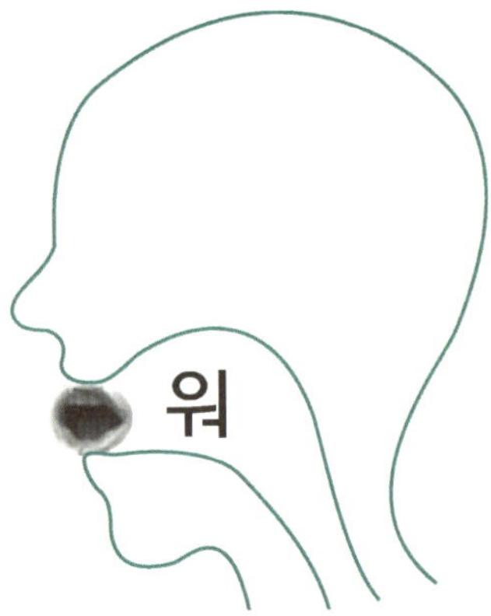

Tip

위아래 이빨을 닿은 상태에서 입을 오므려 '우' 발음을 하고 나서 '어' 발음을 함

Tip

'ㅝ' 모음은 'ㅜ' 모음을 한 상태에서 'ㅓ' 발음을 해야 정확히 'ㅝ' 발음을 할 수 있다. 아래문장을 정확하게 연습 해보자. 조금 익숙해지면 그다음은 자연스런 발음을 내는 데 중점을 두면서 연습하자.

다음은 'ㅝ' 모음 종합훈련이다.

- 원칙을 무시하면 그 사회는 병들고 썩어버릴 수 밖에 없어요.
  원치글 써거 쑤 바께 업써요
- 원망을 하기 전에 자기 스스로 상대방에게 잘못은 없는 지
  저네 모슨 엄는
  생각해 보세요.
  생가케
- 원두커피 한잔에 음악을 듣고 있으면 세상을 다 가진 것 같아요.
  한자네 으마글 듣꼬 이쓰면 걷 가타요
- 권태를 느끼기 전에 더 잘하려는 노력을 해 보는 것이
  저네 노려글 거시
  현명합니다.
  함니다

인두강과 구강의 공명을 활용해 안정감 있는 소리를 내보자. 띄어 읽기와 함께 정확한 정보 전달에 유의하면서 뉴스를 진행해보자.

오늘의 훈련과제 – 뉴스

모유를 먹인 기간을 1개월 이하에서부터 1년 이상까지 나누어 지능과 학력, 소득수준을 비교 분석했습니다. 조사 대상은 1982년에 태어난 브라질 국민 3천500명입니다. 이들이 서른 살이 됐을 때 모유를 1년 이상 먹은 집단은 모유를 한 달 이하로

먹은 집단에 비해, IQ가 4포인트 높았고, 학력은 0.9년 길었으며, 월급은 우리 돈으로 12만원이나 더 많이 받는 것으로 나타났습니다. 수유 기간이 길면 길수록 IQ와 학력, 월급은 더 높았다고 연구팀은 밝혔습니다. 부모의 학력이나 소득수준, 어머니의 출산연령 등의 변수를 고려해도, 모우 수유를 오래하면 IQ와 학력, 월급이 높아진다는 사실은 마찬가지였다는 것입니다.

'ㅞ' 모음은 위아래 이빨이 닿은 상태에서 입을 오므려 '우' 발음을 하고 나서 '에' 발음을 해야 한다.

• '웨' 발음 연습

웨스턴 웹툰 웨딩드레스 웰시코기

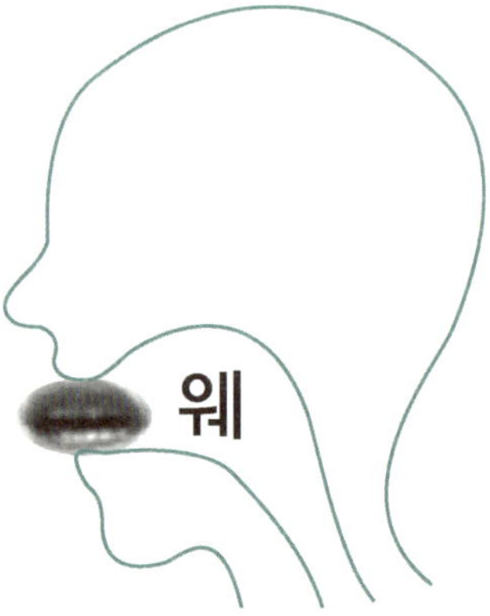

Tip

위아래 이빨이 닿은 상태에서 입을 오므려 '우' 발음을 하고 나서 '에' 발음을 함

Tip

'ㅞ' 모음은 'ㅙ' 모음과 헛갈릴 수 있다. 'ㅙ' 모음이 'ㅗ' 발음을 한 상태에서 'ㅐ' 발음을 한다면 'ㅞ' 모음은 'ㅜ' 발음을 한 상태에서 'ㅔ' 발음을 하는 것이다.

다음은 'ㅞ' 모음 종합훈련이다.

- 웹툰을 보면서 지하철을 타는 사람이 많은 것 같아요.
  웹투늘 처를 사라미 마는 걷 가타요
- 웨딩드레스가 이렇게 잘 어울리다니? 오늘따라 정말 아름답고 예쁘다.
  드레쓰 이러케 답꼬
- 웰시코기 가문의 영광이지. 도그쇼에서 1등을 차지하다니 말야.
  웰씨 가무네 도그쑈 일뜽 마랴
- 웨이터에게 함부로 대하지 마세요. 그들도 손님들에게 고충이 많아요.
  드레게 마나요

이제 모음훈련이 끝났다. 입모양을 정확히 연습하고 안 되는 부분은 반복적으로 해 보자. 또한 자신의 소리를 녹음해서 들어보고 잘 안 되는 부분을 중점적으로 연습을 해야 한다.

발음 연습을 반복적으로 하다보면 조금 지치기도 할 수 있으므로 이때는 입을 풀면서 긴장을 줄이는 것이 중요하다. 그리고 휴식을 충분히 취하고 나서 다시 연습을 하는 것이 더 효율적이다.

우리가 소리와 발음을 연습하는 것은 더 나은 인생을 살기 위함이므로 즐겁고 긍정적인 마음으로 연습을 하는 것이 중요하다.

즐거운 마음으로 이제껏 했던 문장을 반복하면서 연습을 해보고 더불어 뉴스기사나 본인이 좋아하는 책을 자연스럽게 소리 내서 읽는 연습을 하는 것도 많은 도움이 될 수 있다.

4주차

실전 화술훈련

〈4주차 목표〉

1. 모음 훈련 완성
2. 화술 훈련 완성
3. 매일 훈련(호흡, 발성, 공명)

Day 24

〈24일〉 오늘의 훈련목표

모음 종합훈련

지금까지 모음연습을 한 것을 토대로 모음 종합훈련을 해 보자. 천천히 읽고 자신의 소리를 녹음하면서 잘 안 되는 부분을 중점적으로 체크하자.

천천히 읽어서 자신의 소리가 잘 들리면 조금 속도를 내서 읽는 것도 좋은 방법이다. 중요한 것은 빨리 말하는 것이 아니라 정확히 말하는 것이다.

살다 보면 이런 일도 있고 저런 일도 있다. 마음을 편히 갖고
닐도 닐도 읻따 마으믈 갇꼬

즐겁게 생각하도록 하자. 긍정적으로 생각하다 보면 좋은 일이
즐겁께 생가카도록 저그로 생가카다 조은 니리

생긴다.

오늘보다 더 좋은 내일을 꿈꾸고 노력하자. 모든 사람의 호감을
조은 내이를 노려카자 사라메 호가믈

얻으려 할 필요는 없다. 하지만 굳이 적을 만들 필요도 없다.
어드려 업따 구지 저글 피료도 업따

모음의 경우 입을 위아래 정확히 벌리는 것이 중요하다. 또한 이중모음의 경우 'ㅣ' 모음을 먼저 하고 나서 단모음을 해야 정확한 이중모음을 발음할 수 있다.

빨리 말하는 것이 중요한 것이 아니라 정확하게 말하는 것이 효율적인 방법이다.

그리고 음운변동을 생각하면서 연음법칙과 자음동화를 적용해서 소리 나는 대로의 연습을 하는 것이 중요하다.

가령, '생각하도록'이라는 말을 할 때 쓰기에는 '생각하도록'이라고 표시하지만, 말을 할 때는 'ㅇ', 'ㅎ'의 경우 앞에 있는 자음을 그대로

연이어 소리내기 때문에 '생가카도록'이라고 말을 하는 것이 정확한 발음이다. 이러한 음운변화를 연음법칙이라고 한다.

또한, '없다'의 경우도 '없'의 대표 받침소리는 '업'이 되고 '다'의 'ㄷ'은 앞의 '없'의 'ㅂ'의 영향을 받아 된소리 'ㄸ'로 발음해야 한다. 이러한 음운변화를 자음동화의 한 형태인 '된소리 현상'이라고 한다.

정확한 자음과 모음을 통해 말을 하는 것과 더불어 음운법칙을 통한 소리 나는 대로의 읽기를 해야 더 정확한 한국어를 구사할 수 있게 된다.

우리 사회는 지금 불통과 불신으로 병들고 있다. 남을 탓하기
불씨느로 읻따 나믈 타타기

전에 자신의 잘못을 먼저 생각하고 상대방에게 요구하기 전에
저네 자시네 잘모슬 생가카고 저네

상대방을 배려하고 나를 이해해 달라고 바라기 전에 그 사람을
저네 사라믈

이해하려는 노력을 하면 소통을 할 수가 있다. 보다 나은 사회를
노려글 쑤가 읻따

위해 고민하자.

윗부분도 위아래 입모양을 생각하면서 천천히 입을 정확하게 벌리는 연습을 하는 것이 중요하다. 그러다보면 어느새 자연스럽고 편안하게 발음을 할 수 있게 된다. 처음부터 빠르게 모음연습을 하다보면 오히려 정확함 보다는 빠름에 유의하는 나쁜 습관을 지닐 수가 있기 때문에 처음부터 좋은 습관을 들이는 것이 중요하다.

Day 25

〈25일〉 오늘의 훈련목표

띄어읽기

1. 띄어 읽기 - 어법에 맞게 읽기
2. 강조 읽기 - 강조하려는 의미를 생각하면서 읽기

화술의 기본적인 방법은 띄어 읽기와 강조 읽기이다. 띄어 읽기는 말 그대로 어절 단위로 끊어 읽는 방식이다. 국어에서 문장을 이루는 의미로써 주어 목적어 관형어 부사어 서술어 보어 등이 있다. 각각의 문장요소는 나름의 의미와 수식이 있기 때문에 띄어 읽는 것이다.

그러한 의미를 알고 어절 단위로 띄어 읽으면 도움이 될 것이다.

어법에 따른 띄어 읽기

어떤 | 환경미화원이 | 청소를 | 하고 | 있었습니다. | 어떤 |
이써슴니다

부모는 | 자식에게

'넌 | 공부 | 열심히 | 해서 | 저렇게 | 살면 | 안돼.' | 라고 |
열씨미 저러케

말했습니다.
말해씀니다

또 | 다른 | 부모는 | "저 | 분이 | 계셔서 | 우리가 | 이렇게 |
부니 이러케

깨끗하게 | 살 | 수 | 있는 | 거야."
깨끄타게 삽 쑤 인는

라고 | 말했습니다. | 저 | 상황이라면 | 과연 | 우리는 | 어떤 |
말해씀니다

생각을 | 할까요?
생가글

세로로 표시 된 부분을 유의해서 띄어 읽는 연습을 하면 된다. 어절 단위로 띄어 읽는 연습을 하게 되면 정확하게 말을 전달할 수 있게 된다.

또한 주어, 목적어, 서술어, 관형어, 부사어 등을 유념해서 읽는 것도 중요하다.

기본적으로 한국어는 주어와 서술어의 일치가 중요하고 그 안에서 주어나 목적어를 수식하는 관형어 그리고 서술어를 주로 수식하는 부사어가 있기 때문에 그러한 의미를 생각하며 읽게 되면 더 도움이 될 것이다.

어법에 따른 띄어 읽기

시련은 | 우리를 | 더 | 강하게 | 만드는 | 원동력이다.
시려는 원동녀기다

때로는 | 견딜 | 수 | 없는 | 고통에 | 좌절하기도 | 하고 | 가슴 |
쑤 엄는

시리기도 | 하지만 | 지나고 | 보면 | 우리를 | 더 | 강하게 |

만들어 | 주는 | 힘을 | 준다.
만드러 히믈

그렇기 | 때문에 | 시련이 | 왔을 | 때 | 나를 | 성장시키는 |
그러키 시려니 와쓸

기회라고 | 생각하자.
생가카자

마찬가지로 세로로 표시 된 부분을 띄어 읽으면 된다. 처음에는 느리고 정확하게 띄어 읽고 그것이 익숙하게 되면 조금 더 자연스럽게 어절단위로 그리고 문장요소의 의미를 생각하면서 읽는 연습을 하면 좋다.

또한, 처음부터 빠르게 읽는 것은 오히려 역효과를 불러일으키기 때문에 천천히 읽는 습관을 들이는 것이 좋다. 그러다 보면 서서히 정확하면서 자연스러운 발음을 할 수 있게 된다.

Day 26

〈26일〉 오늘의 훈련목표

강조읽기

다음은 강조 읽기이다. 띄어 읽기가 어절단위로 끊어 읽는 것이라면 강조 읽기는 강조하고자 하는 의미를 생각하며 읽는 것이다. 사실 우리가 말을 하다 보면 문법적으로 띄어 읽는 것보다는 자신이 생각하기에 중요한 얘기를 강조해서 말하는 경우가 많다. 그게 더 자연스러운 화술이다. 즉, 띄어 읽기로 어법에 맞는 읽기 연습을 하고나서 자연스럽게 말을 하는 강조 읽기 연습을 하는 것이 좋은 방법이다.

우리는 말을 할 때 일반적으로 모든 말에 강조를 하지 않는다. 자신이 중요하게 생각하는 말에 대해서 강조를 한다. 강조 읽기는 바로 의미단위로 자신이 하고자 하는 말을 하는 방법이다.

강조하고자 하는 의미를 생각하며 읽기

어떤 환경미화원이 청소를 하고 있었습니다.
이써씁니다

어떤 부모는 자식에게

'넌 공부 열심히 해서 저렇게 살면 안 돼.'라고 말했습니다.
열씨미 저러케 말해씁니다

또 다른 부모는 "저 분이 계셔서 우리가 이렇게 깨끗하게
부니 이러케 깨끄타게

살 수 있는 거야"
살 쑤 인는

라고 말했습니다. 저 상황이라면 과연 우리는 어떤 생각을
말해씁니다 생가글

할까요?

어떤 부분을 강조할지를 생각하면서 읽어야 한다. 윗부분에서의 핵심은 환경미화원을 대하는 부모의 그릇된 태도와 옳은 태도에 대한 설명이므로 그러한 부분을 강조하면서 읽는 것이 바로 의미단위의 읽기라고 할 수 있다.

강조하고자 하는 의미를 생각하며 읽기

시련은 우리를 더 강하게 만드는 원동력이다.
시려는 원동녀기다

때로는 견딜 수 없는 고통에 좌절하기도 하고 가슴 시리기도
쑤 엄는

하지만

지나고 보면 우리를 더 강하게 만들어 주는 힘을 준다.
만드러 하믈

그렇기 때문에 시련이 왔을 때 나를 성장시키는 기회라고
그러키 시려니 와쓸

생각하자.
생가카자

윗부분의 핵심은 '시련을 고통으로 생각하지 말고 위기라고 생각하자.'라는 말인 만큼 그러한 부분을 의미단위로 강조하면서 읽는 것이 중요하다.

즉, 의미단위의 읽기는 말을 할 때 어떤 의미를 강조할지를 생각하는 것으로 말을 할 때의 핵심과 문장에서 말하고자 하는 바를 정확히 이해하는 것이 포인트이다.

Day 27

〈27일〉 오늘의 훈련목표

매력적인 화술 1 – 말의 고저

이제 거의 다 왔다. 지난날에 어법적인 띄어 읽기와 강조 읽기의 연습을 했다면 이제부터는 말의 고저, 상약, 빠르기, 강조 법을 통한 매력적인 화술 연습이다.

사람들에게 자신의 말을 전할 때 리드미컬하게 말을 해야 생생한 의미전달과 생동감 있는 표현을 전달 할 수가 있다.

따라서 매력적으로 말을 하려면 이러한 리드미컬한 화술로 연습을 해야 한다.

보통, 말을 잘하는 사람이나 강의나 발표를 잘하는 사람의 화술을 들어보면 음의 높낮이와 강약 그리고 빠르기 등으로 청중들의 귀를 즐겁게 한다.

이것은 마치 우리가 변화를 즐거워하는 것처럼 일정한 톤과 피치로 얘기하는 것보다는 상황에 맞게 다양한 리듬으로 말하는 것이 더 청중이나 상대방의 귀를 기울이게 만들 수가 있는 것이다.

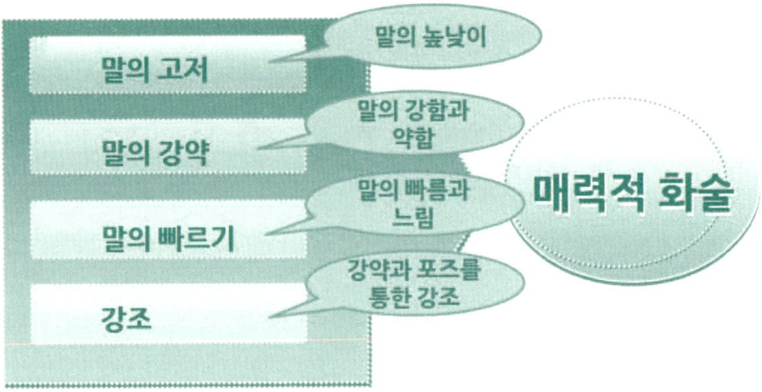

매력적 화법의 방법에는 말의 고저와 강약, 말의 빠르기와 강조의 방법이 있다. 말의 고저는 높낮이, 강약은 강함과 약함, 빠르기는 빠름과 느림, 강조는 강약과 쉼을 통한 방법을 말한다.

똑같은 패턴으로 얘기하거나 같은 음과 리듬으로 얘기하면 지루할 수 있기 때문에 위의 4가지 방법을 적재적소에 활용해서 얘기하는 것이 매력적으로 듣는 이의 귀를 사로잡을 수 있는 방법이다.

1. 음의 고저와 빠르기는 생동감과 재미를 더함
2. 음의 강약과 강조는 신뢰감과 감동을 전함
3. 말하는 환경에 따라 적재적소의 화법

이 중 음의 고저와 빠르기는 생동감과 재미를 더해준다. 특히 사석이나 또는 부드러운 분위기 속에서는 딱딱한 강약과 강조의 방법 보다는 편안하고 유연한 화법이 될 수 있다.

가령, 배우 중에 유해진 씨가 그런 화법의 달인이라고 할 수 있다. 그 분의 화법을 보면 말의 빠르기와 고저를 적절하게 더해 듣는 이에게 재미와 생동감을 준다.

반면, 음의 강약과 강조는 듣는 이를 집중시킬 수가 있다. 특히, 프레젠테이션 등 공식적인 자리에서는 더욱 신뢰감을 줄 수가 있기 때문에 그러한 자리에서는 강약과 강조의 방법이 효과적일 수가 있다.

이처럼 화법은 상황과 환경에 따라 적재적소에 활용하는 것이 매력적일 수가 있는 것이다.

사람의 오감은 이미 리듬과 템포에 익숙해져 있다. 지구의 자전과 공전, 사계절의 변화 등에서 볼 수 있다시피, 우리는 생활에 리듬이고 그 리듬은 어머니의 뱃속에서부터 느껴온 것이다.

따라서 말에 있어서도 리듬과 템포가 없는 것은 파도 없는 바다와 마찬가지로 지루하기 그지없게 된다.

바로 이 말의 '리듬과 템포'가 매력적인 화술에 해당한다.

먼저 매력적인 화술의 첫 번째 방법은 말의 고저이다. 말 그대로 말의 높낮이다. 밑에 문장에서 높낮이 표시대로 연습을 하면서 잘 안 되는 부분을 반복적으로 연습해 본다. 특히 자신의 소리를 녹음해서 집중해서 들어보는 것이 효과적이다.

안녕하세요. 저는 ○○○입니다. 다들 처음보는 자리인데
사실 많이 긴장도 되고 떨리기도 합니다.
하지만 좋은 목소리를 내는 방법과 말하는 방법에 대해서
제대로 알고 싶어서 이 자리에 왔습니다.
다들 반갑습니다.

화법을 연습할 때 가장 중요한 것은 천천히 하되 정확하게 하는 것이다. 빠르게 한다고 좋은 것이 아니라 정확히 하는 것이 중요한 것이다.

'안녕하세요. 저는 ○○○입니다.'를 낮은 음으로 얘기하고 '다들

처음 보는 자리인데 사실 많이 긴장도 되고'를 높은 음으로 말하고 '떨리기도 합니다.'를 다시 낮은 음으로 얘기한다.

그 다음 부분도 마찬가지이다.

정확히 음을 내는 것에 익숙해지면 더 세분화해서 음을 낸다. 즉, 저음 고음이 아니라 저음 중음 고음 이렇게 세 부분을 생각해서 소리를 낸다. '안녕하세요. 저는 ○○○입니다.'를 저음으로 내고 '다들 처음 보는 자리인데'를 고음으로 '사실 많이 긴장도 되고'를 중음으로 '떨리기도 합니다.'를 저음으로 말한다.

미소는 가장 작은 에너지로 사람들에게 기쁨을 주는
좋은 방법입니다. 마치 하루의 일과를 마치고 샤워를 하듯이
미소는 사람들의 피로를 회복시켜 줍니다.
그래서 미소를 짓는 사람의 주위에는 늘 사람들이 가득합니다.
언제나 행복한 마음으로 미소를 지어보세요.

정확하게 저음, 중음, 고음연습을 했다면 조금 더 자유롭게 연습을 해 본다. 즉, 음의 편차를 더 많이 두어서 다양한 음으로 연습을 해 보는 것이다.

'미소는 가장 작은 에너지로'를 저음으로 '사람들에게'를 고음으로 '기쁨을 주는'을 중음으로 '좋은 방법입니다.'를 초저음으로 연습을 한다. '마치 하루의 일과를 마치고'를 저음으로 '샤워를 하듯이'를 고음으로 '미소는 사람들의 피로를'을 초저음으로 '회복시켜 줍니다.'를 중음으로 연습해 본다.

처음에는 정확하게 연습을 하고 정확하게 연습한 것이 익숙해질 때 다양한 음의 영역으로 자유롭게 연습을 하는 것이 포인트이다.

음을 확장시킨 상태에서 자연스럽게 소리를 내는 것은 쉽지만, 음의 확장이 되지 않은 상태에서 자연스럽게 소리를 내는 것은 지루함만을 주게 된다.

Day 28

〈28일〉 오늘의 훈련목표

매력적인 화술 2 – 말의 강약

매력적인 화술의 또 다른 방법으로 말의 강약이 있다. 즉, 말을 어떤 때는 강하게 어떤 때는 약하게 이야기함으로써 상대방이나 청중의 귀를 솔깃하게 만드는 방법이다.

말 위에 선으로 표시한 부분을 강하게 이야기 하라는 의미이다. 밑에 문장에서 표시된 곳을 강하게 얘기함으로써 말의 강약을 만들어 보자.

안녕하세요. 저는 ○○○입니다. 다들 처음보는 자리인데

사실 많이 긴장도 되고 떨리기도 합니다.

하지만 좋은 목소리를 내는 방법과 말하는 방법에 대해서

제대로 알고 싶어서 이 자리에 왔습니다.

다들 반갑습니다.

처음에는 위에 선으로 표시한 부분을 강한 소리로 얘기한다. 그리고 다음에는 위의 부분을 반대로 약한 소리로 말한다. 여기서의 핵심을 소리의 강함이 중요한 것이 아니라 느낌의 강함이 중요하다는 것이다.

즉, 소리를 크게 해서 강하게 말하게 하는 것도 하나의 방법이지만 소리를 작게 해서 강하게 말하는 것은 더 세련될 수 있는 화법이라고 할 수 있다.

마치, 날씨가 서서히 더워지면 덥다는 것을 잘 못 느끼지만, 급격히 더워지면 상대적으로 더 더울 수가 있는 것처럼 화술 역시 상대적이고 심리적인 부분이 중요할 수 있다는 의미이다.

미소는 가장 작은 에너지로 사람들에게 기쁨을 주는 좋은 방법입니다. 마치 하루의 일과를 마치고 샤워를 하듯이 미소는 사람들의 피로를 회복시켜 줍니다.
그래서 미소를 짓는 사람의 주위에는 늘 사람들이 가득합니다.
언제나 행복한 마음으로 미소를 지어보세요.

이번에는 앞부분을 작게 얘기했다가 '기쁨을 주는 좋은 방법입니다.'를 소리를 크게 말해본다. 그 다음 '늘 사람들이 가득합니다.' 역시 소리를 크게 말한다. 마지막으로 '미소를 지어보세요.' 부분은 작게 얘기해 본다. 대신 소리는 작게 얘기하되 느낌을 강하게 하는 것이 중요한 포인트이다.

처음에 이 방법이 잘되지 않으면 강하게 하는 부분에 소리를 크게 해본다. 그리고 그 방법이 익숙해지면 반대로 강하게 하는 부분에 있어 소리를 작게 해보는 것이다.

Day 29

〈29일〉 오늘의 훈련목표

매력적인 화술 3 - 말의 빠르기

말의 빠르기는 말 그대로 어떤 부분에서는 빠르게 어떤 부분에서는 느리게 말을 함으로써 청중에게 리듬감과 템포감을 주는 것이다.

위쪽 화살표는 빠르게, 밑에 쪽 화살표는 느리게 말하는 표시이다. 밑에 문장들을 빠름과 느림을 가지고 연습을 해 보자.

말을 할 때 빠르기의 완급조절은 잘하는 사람은 듣는 사람의 귀를 기울이게 하지만, 빠르기가 일정한 사람은 듣는 사람들을 지루하고 피곤하게 만든다.

실생활에서 그것이 발표를 하는 자리이든 대화를 하는 자리이든 말이라는 것은 계속 해야 하는 것이기 때문에 듣는 사람에게 생동감을 주는 화법이야말로 호감을 주는 좋은 방법이라 할 수 있다.

그런 의미에서 말의 빠르기를 통해 말의 생동감을 전달하는 훈련을 하는 것은 호감 가는 말하기의 중요한 부분이다.

안녕하세요. 저는 ○○○입니다. 다들 처음보는 자리인데⬆

사실 많이 긴장도 되고 떨리기도 합니다.⬇

하지만 좋은 목소리를 내는 방법과 말하는 방법에 대해서⬆

제대로 알고 싶어서 이 자리에 왔습니다.⬇

다들 반갑습니다.⬆

처음에는 천천히 얘기를 해 본다. 연습은 빨리 하는 것이 중요한 것이 아니라 정확히 하는 것이다.

먼저 일정하게 빠르게 얘기했다가 천천히 얘기하는 것을 연습한다. 그리고 나서 리듬을 불규칙하게 만들어 연습한다. 즉, 일정하게 빠르기를 만들지 말고 빨랐다가 느렸다가 점점 빨랐다가 천천히 느리게 하는 다양한 리듬을 만드는 것이 중요하다.

미소는 가장 작은 에너지로 사람들에게 기쁨을 주는⬆

좋은 방법입니다. 마치 하루의 일과를 마치고 샤워를 하듯이⬇

미소는 사람들의 피로를 ⬆ 회복시켜 줍니다.⬇

그래서 미소를 짓는 사람의 주위에는 늘 사람들이 가득합니다.⬆

언제나 행복한 마음으로 ⬆ 미소를 지어보세요.⬇

이번에는 좀 더 불규칙하게 연습을 해 보자. 처음에는 빨리 했다가 천천히 했다가를 반복하고 그 다음에 연습을 할 때는 점점 빠르게 점점 느리게 연습을 한다. 마지막으로 점점 빠르게 아주 천천히 그리고 점점 느리게 아주 빠르게 패턴으로 연습을 해 본다.

불규칙하게 연습을 하는 것이 생각보다 어렵다. 그래서 녹음을 하면서 연습을 해야 객관적으로 훈련이 제대로 되는지의 여부를 알 수 있는 것이다.

Day 30

〈30일〉 오늘의 훈련목표

매력적인 화술 4 – 강조법

강조법은 '쉼'을 주로 활용한 화술 방법이다. 어렸을 때를 생각해 보라. 학생들이 말을 안 들을 때 신생님이 처음에는 교탁을 탁탁 치다가 큰 소리로 "조용"이라고 외친다. 그래도 말을 안 들을 때는 가만히 계신다. 그럼 아이들이 조용해진다. 이것이 바로 '쉼'의 효과다.

화술에서 '쉼'을 적절히 활용할 때 너무나 매력적인 화술을 할 수가 있다. 덧붙여서 얘기하면 먼저 얘기한 강함과 빠름과 높음의 음 대신 약함과 느림과 낮음을 오히려 역발상으로 활용하고 거기에 '쉼'을 적재적소에 활용한다면 여러분도 화술의 대가가 될 수 있다는 것이다.

밑에 문장에 표시는 '쉼'을 만들라는 표시이다. 이 부분을 유념하면서 연습을 해 보자.

안녕하세요. 저는 ○○○입니다. 다들 처음보는 자리인데

사실 많이 긴장도 되고 떨리기도 합니다.

하지만 좋은 목소리를 내는 방법과 말하는 방법에 대해서

제대로 알고 싶어서 이 자리에 왔습니다.

다들 반갑습니다.

강조법에는 '쉼'을 통한 강조와 '강약'을 통한 강조가 있다. '쉼'을 통한 강조는 앞부분 즉, 쉬기 전의 부분이 강하거나 클 때 보다 쉼의 길이도 늘어나고 전의 부분이 강하지 않을 때는 쉼의 길이도 짧은 것이 좋다.

가령, 윗부분에 있어서 '제대로 알고 싶어서' 부분을 아주 강하게 얘기했다면 '이 자리에 왔습니다.'를 말하기 전에 쉼의 길이가 긴 것이 더 자연스러울 수 있다는 것이다.

또한 강하게 얘기를 한다는 것이 비단 소리를 크게 내는 것은

아니라는 것을 알아야 한다. 소리를 크게 내는 것이 강한 것이 아니라 작게 얘기하더라도 느낌을 강하게 주는 것이 강한 것이다.

> 미소는 가장 작은 에너지로 사람들에게 기쁨을 주는
>
> 좋은 방법입니다. 마치 하루의 일과를 마치고 샤워를 하듯이
>
> 미소는 사람들의 피로를 회복시켜 줍니다.
>
> 그래서 미소를 짓는 사람의 주위에는 늘 사람들이 가득합니다.
>
> 언제나 행복한 마음으로 미소를 지어보세요.

윗부분도 마찬가지이다. '미소는'이라는 부분을 강조하고 그 다음 부분에 쉼을 갖고 말해본다. 또한, '기쁨을 주는' 부분을 느낌을 강하게 주고 '좋은 방법입니다.' 전의 부분에 쉼을 갖는다. 이때 전의 부분을 얼마나 강한 느낌을 주었느냐에 따라 쉼의 길이도 달라질 수 있다.

다시 연습을 할 때는 소리를 강하게 주는 연습보다는 소리는 작더라도 느낌을 강하게 하는 연습을 해서 강조 화법의 방법을 다양하게 연습해 보는 것이 좋다.

이제 한 달의 목소리 훈련과정이 끝이 났다. 만약 꼼꼼히 연습일지에 매일의 훈련과제와 당일의 훈련과제를 각각 30분씩 총 1시간 정도를 매일 연습을 했다면 분명 어느 정도의 실력이 향상되었을 것이라 믿어 의심치 않는다.

"노력은 절대로 스스로를 배신하지 않는다."라는 말은 바로 꾸준히 연습하고 노력한 자를 위한 말일 것이다.

이 한 달 연습에 그치지 않고 매일매일 자신이 생각하기에 어느 정도의 목표를 달성할 때까지 꾸준히 연습하길 기원한다.

필자가 지도를 하면서 문의 받은 내용 중의 하나가 '얼마나 연습을 해야 하는가'에 대한 부분이었다. 한 달 간의 과정을 통해 목소리에 대한 정확한 진단과 이론 그리고 연습과 훈련을 했다면 중요한 것은 그것을 실생활에 적용하는 것이다.

즉, 연습은 연습이라는 생각보다는 말을 꾸준히 하면서 대화를 하고 소통을 해야 하는 만큼 실생활 자체가 연습이라는 생각으로 목소리 훈련을 연습하는 것이 좋다.

그리고 자신의 소리를 녹음해서 듣기도 하고 주위의 아는 사람들에게 자신의 발음과 소리를 점검하기도 하고 스스로 일지나 메모 등을 통해서 꾸준하게 연습을 하고 노력을 하는 것이야 말로 호감 가는 목소리를 가지기 위한 최고의 방법임을 다시 한 번 말하고 싶다.

1. SNA 온라인강의 특징

STEP 1
- PPT를 통해 교육생의 이해를 돕는 세심한 강의

STEP 2
- 강사위주의 일방적 강의가 아닌 교육생 중심의 1:1 소통 강의

STEP 3
- 연기와 스피치의 기초부터 실전에 이르기까지의 체계적 교육과정

STEP 4
- 최적화된 온라인 교육환경 (HD시스템, 스마트 폰 지원)

2. SNA 오프라인 교육특징

연기교육

입시생, 오디션,
기획사
소속배우
1:1레슨

스피치교육

자신감,
발음교정, 면접,
프레젠테이션
선거, 논술,
스피치
1:1레슨

특강교육

연기-화술,
제스처, 감정,
면접, 합격비법
스피치-보이스코칭
면접,
프레젠테이션

기업체강의

연기-실전연기
연기심리치료
스피치-실전면접
실전프레젠테이션
소통방법,
설득기술